秒懂投资

郭施亮 著

中国科学技术出版社
·北京·

图书在版编目（CIP）数据

秒懂投资 / 郭施亮著 . —北京：中国科学技术出版社，2024.1
ISBN 978-7-5236-0308-6

Ⅰ.①秒… Ⅱ.①郭… Ⅲ.①投资—基本知识 Ⅳ.① F830.59

中国国家版本馆 CIP 数据核字（2023）第 220863 号

策划编辑	刘 畅	责任编辑	贾 佳
封面设计	潜龙大有	版式设计	蚂蚁设计
责任校对	张晓莉	责任印制	李晓霖

出　版	中国科学技术出版社
发　行	中国科学技术出版社有限公司发行部
地　址	北京市海淀区中关村南大街 16 号
邮　编	100081
发行电话	010-62173865
传　真	010-62173081
网　址	http://www.cspbooks.com.cn

开　本	880mm×1230mm　1/32
字　数	125 千字
印　张	5.875
版　次	2024 年 1 月第 1 版
印　次	2024 年 1 月第 1 次印刷
印　刷	北京盛通印刷股份有限公司
书　号	ISBN 978-7-5236-0308-6/F·1187
定　价	69.00 元

（凡购买本社图书，如有缺页、倒页、脱页者，本社发行部负责调换）

前　言

很多读者都曾在投资理财过程中遭受过亏损，本来抱着资产增值的想法，却因配置策略失误或者投资踩雷，导致本金损失，这确实是一件令人遗憾的事情。投资者都希望找到切实可行的方法使资产有效增值。

我相信，当你读完这本书，你会发现困扰自己多年的投资难题迎刃而解。

随着社会经济的快速发展，居民收入呈现出稳健增长的趋势，中产及高净值群体也在不断扩大。在此背景下，人们对投资理财的重视程度越来越高、需求越来越旺盛，资产配置成为不少家庭的必选项。

投资理财意识的不断提升，自然会激发人们对资产增值方法的寻求。作为投资者，你手中的闲置资金越来越多，这些资金如果得不到合理利用，就会被动缩水。

俗话说"你不理财，财不理你"，由此可见投资理财的重要性。在当今时代，假如你不懂方法就贸然冲进市场，那么很可能会在投资过程中遭到重大损失且血本无归。

投资理财并没有想象中那么轻松，但只要掌握了规律、方法以及投资心态，普通人也可以实现资产的持续增值。

《秒懂投资》是一本专为中小投资者和职场白领设计的投资理财书籍。本书共三大部分,由七章组成,作者把自己积累了十五年的投资理财经验详细分享给各位读者。读者通过阅读本书不仅可以学到投资理财的实用方法,还可以掌握有效的风险管理技巧。

投资有风险,入场需谨慎。本书旨在为读者实现财富积累提供助力。

CONTENTS 目 录

第一部分 寻找投资机会

第一章 投资后疫情时代   003

第一节 不确定时代的窘境   003

第二节 哪些行业机会更多   004

第三节 创业与投资,哪个更靠谱   006

第四节 做投资与做对投资的区别   008

第二章 投资机会在哪里   015

第一节 股票、基金和债券怎样投   015

第二节 房地产还适合投资吗   021

第三节 银行理财学问大   026

第四节 黄金投资的技巧   030

第五节 投资港股、美股,有哪些不同   037

第二部分　抓住投资机会

第三章　股市投资诀窍 　　　　　　　　　　045

第一节　怎样抓住一轮牛市机会　　　045

第二节　投资周期行业的致富密码　　050

第三节　如何卖在好位置　　　　　　054

第四节　不要低估投资复利　　　　　060

第五节　面对面值退市，低价股还香吗　066

第四章　股市交易陷阱 　　　　　　　　　　073

第一节　高股息率的投资陷阱　　　　073

第二节　警惕低估值陷阱　　　　　　079

第三节　千万别误用杠杆工具　　　　086

第四节　如何识别财务造假　　　　　091

第五节　A股市场常见的魔咒　　　　097

第五章　基金投资秘诀 　　　　　　　　　　103

第一节　跟风明星基金靠谱吗　　　　103

第二节　基金定投有讲究　　　　　　108

第三节　债基投资的几大妙招　　　　113

第四节　如何通过市场人气判断买卖点　119

第三部分　掌握投资逻辑

第六章　科学投资技巧　　　　　　　　　　129

第一节　读懂你自己　　　　　　　　129
第二节　识别风险的方法　　　　　　135
第三节　有效的投资方法　　　　　　142
第四节　资产配置的实用技巧　　　　148
第五节　存银行还是买银行股　　　　154

第七章　成功投资理念　　　　　　　　　　161

第一节　巴菲特的成功要诀　　　　　161
第二节　索罗斯的另类投资　　　　　167
第三节　应该向张磊学什么　　　　　170
第四节　成功投资者的必备素质　　　175

第一部分

寻找投资机会

为了尽可能地规避风险,实现利润最大化,在进行投资之前,我们必须对全球经济发展乃至时代趋势进行客观的了解和评估。普通投资者无论做的是股票投资,还是其他投资,对后疫情时代的中国经济走向,以及不同行业的发展形势都要进行理性分析和深刻把握,才能把做投资变成做对投资,从而提高投资的成功概率。

第一章
投资后疫情时代

第一节　不确定时代的窘境

3年的新冠疫情，改变了我们很多。在充满不确定的当下，人们尤其是中青年普遍存在着焦虑感。其中，既有学历攀比的压力，又有职场激烈竞争的焦虑。但无论多难，每个人都要顽强地走下去。那么，支撑他们走下去的动力是什么呢？归根结底，还是希望与梦想。有了梦想的推动，一个人的潜能就会得到极大的释放，把很多不可能变成了可能。

新冠疫情的出现，改变了全世界的经济发展秩序，也影响了千万普通人的生存发展问题。从全球来看，疫情严重影响到供应链、产业链的正常运作，引发了一连串的经济问题。全球主要经济体开始出现了通胀率抬升、失业率增加等问题。

在不确定的时代下，有三大问题困扰着普通民众。

第一个问题：家庭收入来源如何解决？

第二个问题：日常生活物资是否充裕？

第三个问题：资产配置计划该如何调整？

既然在后疫情时代不确定性是常态，那么如何找到确定性的机会，显得格外关键。

面对高房价、偏高生活成本的压力，人们依靠自己的工资收入只能保障基本的生活需要，如果想改变财务状况、突破阶层瓶颈，难度是很大的。经济可持续发展的根本是让普通人看到努力后的希望。

进入 2023 年，人们重新走出家门，难得的"烟火气"又回归了，不少城市的生活秩序得到了恢复。除了疫情防控措施的重大调整外，发展经济的利好政策也在不断出台。政策层面频吹暖风，各界的信心得到大力提振。随之而至的便是消费的复苏、收入的增长，经济发展重回正常的运行轨道。

第二节　哪些行业机会更多

全力发展经济、大力促进消费，成为 2023 年经济发展的主基调。中国迎来了经济全面恢复的重要时刻。在"后疫情时代"，相关行业有望迎来重要的发展机遇。

在目前市场背景下，哪些行业会迎来发展机遇呢？一是困境反转的行业，二是政策驱动的行业。

困境反转更倾向于疫情受困行业及上市公司的业绩修复机会，而政策驱动更倾向于后续业绩持续增长改善的预期。未来几年，上述两类行业的发展机会值得关注。

困境反转机会

困境反转的行业包括餐饮、影院等，在疫情期间受到了较大的冲击和影响，未来在这些领域出现报复性消费需求的概率也更高。

以餐饮行业为例，虽然不少企业借助线上外卖平台等方式提升了销量，但租金、人工、食材、运输、管理等成本始终处于高居不下的状态。即使是餐饮行业的头部企业，日子同样难过。

比如餐饮巨头海底捞：从2020年开始，该公司业绩出现拐点。据统计，2019年海底捞的净利润为23.45亿元。2022年，海底捞的净利润只有3.09亿元，同比下降86.81%。2021年，海底捞的净利润为-41.63亿元，较2020年同比下降了1446.13%。

再看看影院、KTV等娱乐消费行业：疫情期间，该行业经营活动受到了较大程度的影响。步入2023年，国内电影市场热度显著升温。据初步统计，2023年春节档电影票房为67.58亿元，同比增长11.89%。与此同时，观影人次为1.29亿，同比增长13.16%。

政策驱动机会

自2023年以来，不少行业获得了政策上的支持。以制造业为例，随着数字化的深入推进，我国已经在制造业领域逐渐探索出一种高质量发展的模式。目前，我国的制造业已逐步从低端制造向中高端制造迈进，并且具备了强大的竞争力，在国际上有一定的话语权。

无论是困境反转行业,还是政策扶持的行业,都有望在后疫情时代下获得广阔的发展空间。创业者和投资者只要擅于挖掘和研究,未来可选择的投资机会还是很多的。

第三节　创业与投资,哪个更靠谱

如果要问"创业与投资,哪个更靠谱"?也许,有人会直接说出"都不靠谱"四个字。这个问题并没有标准的答案,不同的人会有不一样的答案。

很多人认为投资比创业更轻松,产生这样的认识可能是考虑到创业需要亲力亲为,而投资无须花费太多的工夫。

但是,这样的思维存在一定的误区。实际情况是,投资涵盖的范围很广泛,包括房产、股票、基金、债券以及收藏品等。还有一些投资者,可能涉足港股、美股、黄金等投资。要熟悉各类投资品种,并运用好各种投资工具,不是简单的事情。

无论是创业史上的传奇人物乔布斯,还是投资界的大师巴菲特,在走向成功的过程中均遭遇过多次失败。幸运的是,失败主要是在他们年轻时发生的,试错成本不太高,即使遇到重大挫折,也不一定会改写他们的人生。所以,对年轻人来说,既然自己有理想,那就趁年轻的时候积极去尝试,万一成功了呢?

全面注册制下的创业机会

2023年A股市场全面步入注册制时代,这会给创业者与投资者带来什么样的机遇呢？

大多数创业者的终极目标是把企业做大做强，让它成为上市公司，获取巨大的财富回报。

然而，把企业做到上市并不是件简单的事情。根据规则，即使企业的规模比较大，其他一系列的要求得到满足，企业也不一定能成功上市。其中，包括企业改制、聘请中介专业机构、相关专业机构进行上市辅导，准备大量的报告资料，还要经过监管机构审批，直到拿到核准批文，并进行会后事项补充等流程，上市流程才算完整。

再者，即使在全面注册制下创业环境得到改善，要达到上市公司的标准也并非容易的事情。对创业者来说，如何吸引实力资本的投资、如何把企业做大做强，这才是关注的重点。

用创业的心态做投资

与创业者相比，未来的投资难度也在加大，这将考验投资者的专业调研能力和专业筛选能力。随着未来上市公司数量增加，投资者要想获得成长企业的廉价筹码，要么在企业上市之前低价参股，要么在企业上市后，通过二级市场的直接投资获得筹码。从本质上来说，投资收益如何还是取决于投资者的专业分析调研能力，这恰恰也是普通投资者很难做到的事情。

引用巴菲特的投资理念，即投资股票就是在投资公司。如果用投资公司的思维参与投资，那么在用心调研、尽心分析的背景下，投资结果往往不会很差。

当你用真金白银投资到某一家公司的时候，你必须要了解公司的一切信息。对这家公司的了解程度越高、熟悉程度越充分，这笔投资的成功概率越大。即使你只是为了博取差价收益，在乎的是短期的利润，这笔交易的投资风险也是不小的。简而言之，投资股票应该要像投资公司那样，尽可能多地掌握信息与数据。只有充分了解这家公司，才能够有信心持有该公司股票，这也是巴菲特长期跑赢市场的秘诀之一。

细想一下，其实创业与投资之间存在着或多或少的联系。如果投资者用创业者的思维去做投资，那么成功率会大大提升。

从本质上看，创业与投资都拥有类似的底层逻辑。归根到底，还是要做足功课，充分了解好市场，古话说"知己知彼，百战不殆"。

第四节　做投资与做对投资的区别

随着居民可支配收入的不断增长，投资已经成为不少家庭必不可缺的一部分。做投资很重要，但做对投资更重要。

很多人把做投资与做对投资画上等号，这是不对的。做投资，几乎每个人都可以做。但是，做对投资的也许只有少数人。

做投资不等于做对投资

一般来说，投资的风险与收益是呈现正相关的关系的。也就是说，你想获得的投资收益率越高，你所承受的投资风险也就越大。

用最直白的话来说，投资就是为了实现资产的有效增值。如何选择合适的投资渠道，做好投资和做对投资，这是绝大多数人想要获得的答案。

在当前投资市场上，可选择的投资渠道很多。例如，房产投资、股票投资、基金投资、债券投资、黄金投资，以及海外市场投资等。

需要提醒的是，并不是所有人都适合做房产投资或者股票基金投资。在做任何投资之前，你首先要了解自己的风险偏好与风险承受能力。

根据个人的风险偏好，投资者可以分为三种不同的类型，分别是积极型投资者、稳健型投资者和保守型投资者。

积极型投资者，可以承受较大的投资风险，接受较大幅度的资产回撤空间。这类投资者很有可能会获得较高的投资回报率。

稳健型投资者，相比起积极型投资者，可以接受的资产回撤幅度较小，对资产增值的回报率要求也不及积极型投资者。

保守型投资者则属于风险厌恶型投资者，基本上不愿意接受资产缩水的风险。在实际操作中，他们更喜欢投资保守型的投资渠道和品种，以实现资产的保值需求。

做投资并不是一件轻松的事情，而是一件极为专业的事情。假如误判了自己的风险偏好，做出错误的资产配置，那么投资者很容易会陷入亏损的局面。那么，对普通人来说，如何才能做对投资呢？

第一，要充分了解自己的风险偏好与风险承受能力，并根据自己的偏好有针对性地选择相应的投资品种。

第二，提前了解自己可接受的资产回撤幅度，并做好相应的风险管理方案，避免资产大幅缩水。

第三，一旦遇到不可控的投资风险，应制定相应的止损策略，并对自己的资产配置方案进行灵活调节。

第四，也是最重要的，无论在任何情景和市场环境下，投资者都应该要预留一笔应急资金。有了它，即使发生了不可控的风险，你也可以处于主动地位。

如何判断自己的风险承受能力？

如何判断自己的风险承受能力？这主要看个人对资产回撤（或亏损）的容忍程度。

当资产面临 5%~10% 的回撤幅度时，你会出现明显焦虑，那么在这个时候你应该对自己的风险偏好有了初步的了解，10% 或许是你资产回撤的最大幅度，由此推断，你更倾向于稳健的投资风格。

针对稳健型投资者，配置的资产中应该有一半以上都是安全性很高的资产品种，如大额存单、储蓄国债、货币基金以及银行定存等。在此基础上，投资者再配置一些指数型基金、FOF 养老基金等品种，就可以提升资产增值的空间。不过，对波动性较大、风险较高的资产，投资者尽可能将配置比例控制在 30% 以内，来降低资产回撤的幅度。

如果资产出现 20% 以上的回撤幅度，而你并未有焦虑的迹象,那么这说明你能够承受更大的风险,你更倾向于积极型的投资风格。

由于积极型投资者具有较强的风险承受能力,所以此类投资者可以持有较高的比例的风险资产。例如,配置股票或者基金的比例可达50%以上。此外,将较小比例的资产配置到稳健型的投资渠道之中。这就既可以提升资金的利用率,又可以在极端市场环境下维持健康的现金流状态。

如果资产出现5%以内的投资损失,你就出现明显焦虑的迹象,那么你大概率是风险厌恶型投资者。由此,你更适合配置保守型资产。

在实际操作中,这类投资者更适合投资具有保本性质的投资品种。虽然这些品种很难为投资者带来可观的资产增值,但起码可以使资产保值。

一旦遇到极端的市场环境,保守型投资者无疑是最直接的受益者。如果市场低迷,而你选择高仓位配置股票资产,那么你很可能蒙受沉重的亏损。但是,当你配置权益资产的比例极低,而将绝大多数的资产配置在保本型的品种上时,你就可以避免资产大幅缩水,没准还有机会在市场中买到价格低廉的优质筹码。

当市场环境持续向好,股票市场走出单边牛市行情的时候,过度保守的投资策略可能会让你错失一轮资产快速增值的机会。面对全球货币大宽松的市场环境,如果你只是保本投资,那么你可能会承受资产被动缩水的风险。因此,在制订投资方案的过程中，你还需要关注市场环境和货币环境的变化。

收益取决于你的预期

绝大多数人参与投资，最直接的目的是赚钱。其中，房产和股票投资成为普通人实现财富快速增长、阶层晋升的重要途径。

但是，并不是所有人都适合参与房产和股票投资。因为在实际中，前者需要很高的投资门槛，而且杠杆率不低，这些都非常考验购房者的现金流。后者则需要考验投资者的企业筛选能力以及对市场环境的判断能力。

对刚需客来说，买房产算不上投资，它只能满足居住的需求。这只是纸面财富，而不是真正落袋为安的实际财富。所以，真正意义上的房产投资者，是指那些拥有两套及以上房产的人。要实现保值增值，投资者要看房屋投资的回报率，还要看房租回报率，即每月房租收入占房贷成本的百分比等。

有不少精明的购房者，他们的租金收入与利息收入可以覆盖掉大部分的房贷成本。过去10年，用这种方式购房的投资者，他们购房投资的实际负担并不高。

与房产投资相比，股票或基金投资的门槛比较低，普通人都可以参与其中。不过，从实际情况来看，虽然股票投资的门槛比较低，但股票投资的难度却比房产投资更大。股票投资者不仅需要研究经济环境的走向以及市场环境的变化，还需要筛选出合适靠谱的上市公司。在此基础上，需要找到一个合理的买点，并确定一个合适的卖点，一笔赚钱的股票交易才可以在真正意义上完成。

客观来说，股票投资没有想象的那么简单，但也没有多么复杂。在实际操作中，股市投资结果取决于你对收益的预期。

假如你制定的投资年化收益率是4%，那么你可以通过配置大额存单、储蓄国债，或者再增配一些可转债等稳健型投资品种，即可完成年化收益率目标。但是，如果你的投资预期是实现8%的年化收益率，那么这个时候仅依靠稳健型或者保守型的投资品种是远远不够的，为了实现较高的投资目标，你需要增配一些股票或者基金，来达到资产增值的效果。

一般来说，你承担的投资风险越高，可以获得的预期投资收益率会越高。同时，你可能需要承担相应的投资损失。

在实际操作中，实现3%至4%的投资收益率并不困难，但实现8%的年化收益率就有相当的难度了。

如果要实现3%至4%的年化收益率，依靠稳健型的投资渠道就可以获得。那么，对预期年收益目标是8%的人来说额外的4%收益率，则只有依靠承担更高的投资风险获得了。

除了寻找高股息的股票外，投资者还可以通过可转债、新股打新等方式实现额外的投资收益率。

例如，可转债打新获利，已经成为一种无风险套利的方式。不过，因中签金额有限，潜在的投资利润不多，给投资者带来的资产增值空间比较有限。与可转债打新相比，投资者可以利用兼具股性与债性的可转债获利。即选定一批质地良好的可转债，并计算好可转债的到期收益率，选择在面值以下的价格进行投资，一年下来也有机会获得可观的投资收益。

值得注意的是，投资可转债之前，投资者需要充分了解可转债的回售条款。对破发可转债来说，这相当于"兜底"的功能，投资者选择在较低的价格参与可转债投资，那么潜在的投资风险也是有限的。一旦遇到市场行情比较好，正股出现大幅上涨的走势，对相应的可转债来说，资金炒作的机会也会出现。

与可转债打新相比，新股打新的潜在获利空间更可观。不过，新股获利空间的大小，与同期市场环境的变化有着密不可分的联系。在当前注册制被全面实施的背景下，未来新股的表现难免会出现较大的分化，上市破发的风险也会随之增加。从未来的发展趋势分析，未来A股新股有逐渐走向港股化的趋势，新股打新可能更考验投资者的筛选能力，毕竟新股质量与发行定价水平，将直接影响到新股首日上市的表现。

总的来说，股市投资的结果主要取决于你对收益的预期。对投资收益的预期低一些，投资者通过保守的投资方式，也可以轻松实现预期投资回报率。如果对投资收益的预期高一些，投资者就需要承担更高的投资风险。

每个人都可以做投资，但做对投资的人却很少。只有实现资产的有效增值，投资才算是合格的，才是做对了投资。

第二章

投资机会在哪里

第一节　股票、基金和债券怎样投

一般来说，资本市场是交易股票、基金、债券以及部分金融衍生品的场所。大多数投资者最容易接触到股票、基金和债券。这是因为它们的投资门槛比较低，是不少家庭必备的资产配置品种。

一般来说，股票投资风险大于基金投资，基金投资风险大于债券投资。

高风险通常与高收益并存。因此，一般而言，股票投资收益会高于基金投资，基金投资收益又会高于债券投资。换言之，投资者愿意承受多大的投资风险，也会获得相应的投资收益。如果投资者属于风险厌恶类型，那么他所获得的投资收益也会更低。

股票、基金和债券的划分

在实际操作中，根据不同的划分标准，无论是股票、基金，还是债券，都会有不同的归类。

例如，根据业绩，股票可以划分为绩优股、绩差股。前者往往具备优良的业绩以及稳定的分红，可为投资者带来长期可靠的投资回报率。后者则属于业绩持续亏损，且很可能是长期不分红的铁公鸡类型。在具体操作中，前者的投资风险更低一些，后者的投资风险更高，甚至存在退市的可能。

依据风险等级，基金可以划分为股票型基金、债券基金，以及货币基金。在实际操作中，股票型基金的投资风险会大于债券基金与货币基金。同理，股票型基金的投资收益率也会高于债券基金和货币基金。

债券可以分为政府债券、金融债券，以及企业债券。在实际操作中，普通投资者经常接触到的国债，它属于政府债券。从信用等级与安全性的角度出发，国债往往具备信誉度较高、利率较好以及低风险的特征，国债也有"金边债券"的美誉。

依据发行主体，企业债券常有企业债与公司债的划分。前者的发债主体主要是指国有独资企业、国有控股企业，主要体现出政府信用。后者的发行主体是上市公司，信用风险不同，其所承担的投资风险也有所不同。一般来说，公司债信用风险高于企业债。

股票、基金和债券应该怎样投资？

那么，股票、基金和债券应该怎样投资呢？归根到底，它还是取决于投资者的风险偏好以及投资收益预期。

举个例子，A先生拥有100万元的闲置资金，希望每年获得

10万元以上的投资利润。根据A先生的投资诉求，A先生的年收益率要求10%以上。

在实际操作中，A先生可以首先考虑股票，再考虑配置基金，最后再配置一些债券品种。

这个时候，需要分析A先生的综合投资能力。

假如A先生擅长股票投资，而且拥有较长的投资经验，那么A先生可以考虑增加股票资产的配置比例，筛选出绩优股，而且建议自选股票不超过5家。

A先生可以根据历史估值水平，以及过去5年的股息率进行分析判断。从投资性价比的角度出发，A先生可以选择在历史估值分位值30%以下、股息率水平在过去5年的均值以上的，具有持续经营能力的优秀上市公司进行投资，这种投资策略的风险并不高。

与此同时，建议A先生采取金字塔式的建仓手法。例如，第一笔投资，可以用30%资金参与股票投资。第二笔投资，可以在第一笔成功交易的基础上，往下调整5%至10%的空间进行第二笔投入。依此类推，即使遇到极端市场行情，A先生也可以通过分批投资、分散投资降低风险和持股的成本。

投资者长期跟踪某几家上市公司，投资的信心会更足，遇到非理性的波动风险，也不会轻易产生出抛售的念头。因此，投资者还是要投资自己了解、熟悉的企业，对企业的价值有一个大概的估算，一旦遇到下跌走势，也不至于惊慌失措。此外下跌走势说不定是一个难得的投资机会。

上述情况是建立在 A 先生具备充足投资经验的基础上。如果 A 先生并不具有充足的投资经验，或者只是投资新手，那么他并不适合把资产过多投放至股票资产之中。

如果既没有投资经验，又想要获得 10% 以上的投资回报率，那么 A 先生可以考虑投资基金获得超额投资回报率。

针对投资经验不足的投资者，投资基金或许是一种不错的选择。投资基金，最讲究的是买入的时机，市场环境的好坏也直接影响着基金投资的回报能力。

例如，2021 年年初，A 股市场处于反弹高位水平，不少明星基金的净值也创出了历史新高。这个时候，如果投资者盲目追高某一基金品种，那么很可能会造成较大的投资损失。反之，如果投资者选择在 2022 年 10 月底前后投资基金，那么这个位置的投资性价比较高，潜在的投资回报率也会比较理想。

简而言之，比筛选基金品种更重要的是时机的选择。在"人气旺盛"的时候，投资者并不适宜追高投资基金。在"人气低迷"的时候，投资者反而适宜逢低投资基金。

选对了投资时机，接下来就要选择合适的基金品种。具体来说，基金可以分为股票型基金、混合型基金、指数基金等。

其中，股票型基金是主要投资于股票市场的基金，而且股票型基金的仓位普遍高于 80%。混合型基金则不仅投资股票，而且还会投资债券、货币基金等品种。总体来说，混合型基金并没有固定的投资方向。

指数型基金主要投资特定的市场指数，并以其为标的，跟踪相关市场指数的表现。目前，指数型基金跟踪的是沪深300、中证500、标普500、创业板等指数，投资者通过长期持有该基金来获得投资收益率。此外，还有一种行业基金，该类型的基金更考验投资者对某一行业板块的深入研究能力，更适合专业型的投资者。

如果A先生对股票、基金的兴趣不高，通过债券投资，他也有机会获得较高的投资回报率。

通常来说，如果投资者只投资国债品种，那么获得的投资收益率比较有限。但是，相比银行定存、活期存款，国债的收益率会更高一些，而且具备较高的信用等级，投资安全性基本上可得到保障。

如果想通过债券投资获得超额投资收益率，可转债投资也许是一种有效的投资方式。

在实际操作中，A先生可以通过多账户可转债打新，提升年收益率水平，也可以利用可转债债性"兜底"的特征获得超额收益率。

目前来看，可转债打新算得上无风险套利，但中签可转债的投资收益率比较有限，它对整体收益率的提升影响不大。对于可转债债性"兜底"来说，虽然可转债兼备股性与债性的特征，但可转债投资规则比较复杂，投资者需要充分了解其交易规则，否则会有一定投资风险。

可转债的赎回、回售与转股问题

一般来说，可转债投资主要牵涉到赎回、回售与转股的问题。

可转债的赎回，是指可转债发行人会按照发行时规定的价格赎回可转债。其中，赎回价格是发行面值与应计利息的总和，对长期持有可转债的投资者来说，这笔收益并不算很低。不过，发行人一般更希望投资者转股，这样可以减少到期赎回的压力。如果在到期前可转债的价格比较高，投资者一般会采取直接卖出可转债或者转股的策略，否则利润会面临大幅缩水的风险。

可转债的回售规则，指当触及回售条件的时候，可转债持有人有权将其持有的转债按规定价格全部或部分回售给发行人。也就是说，可转债回售规则相当于对投资者的兜底保护。

再说说转股的问题。一般来说，可转债上市6个月及以上时间，可以符合转股的要求。所以说，可转债具备了股性与债性的特征。

除了可转债投资之外，A先生还可以通过投资纯债基金、二级债基等途径实现资产配置。一般来说，一级债指的是纯债基金，它的投资标的以固定收益类金融工具为主。二级债基的范围比较广泛，除了可投资固定收益类金融工具外，还可以部分参与二级市场或者参与打新，投资风险也会比纯债基金更高一些。

从稳健投资的角度出发，将资金分散投资在股票、基金和债券上也许是最佳的投资策略。但是，在实际中，分散投资可能意味着投资收益预期的下降。从积极型的投资角度出发，投资者提升某一投资渠道的投资比例，增强投资的专注度，可能会是提升投资回报率的有效策略之一。不过,这样或会面临更高的投资风险。

如果 A 先生在合理的时机做好资产配置计划,那么实现 10% 的年收益率水平还是可以期待的。不过,投资并没有想象的那么简单。在市场环境比较好且投资运气较佳的情况下,投资者可能会实现超额的投资回报率。但是,市场总是处于波动的状态,随时会存在各种未知风险,所以在某一年实现 10% 以上的投资收益率也许不难,但想在每一年都实现 10% 以上的投资收益率却非常艰难。此外,随着投资者所积累的本金越来越多,实现高收益率的难度也会随之增加,此时投资者要接受资产配置能力和投资时机的判断水平的考验。

对大多数家庭来说,股票、基金以及债券已经成了必不可少的投资选择。随着居民财富的不断攀升,资产保值增值变得越来越重要,此时有效的资产配置策略就变得尤为关键了。

无论做什么投资,风险管理是应该首先被考虑的问题。只有做好有效的风险管理,资产有效增值才能够实现。

那么,如何识别投资风险?如何制定出科学有效的资产配置策略?在接下来的章节里,我将会与大家进行分享。

第二节　房地产还适合投资吗

如果时间可以倒流,多数人会选择在 20 年前买房子,特别是"北上广深"中心城区的房子。可惜,世界上从来没有后悔药,既然错过了就应该好好总结,认真思考未来10年、20年的投资机会。

如果要问如今的房地产,还适合投资吗?这绝对是一个灵魂拷问。相信多数人的答案是不值得。

过去20年是国内房地产的黄金发展期。不可否认的是,房价快速上涨、房地产市场快速扩张的阶段已经步入了尾声。理由很简单:一方面,我国已经经历了高速城镇化的阶段,增长速度可能会逐渐放慢;另一方面,目前国内房价尤其是一二线城市的房价太高。高房价已经透支中青年人的收入,在过去一个人努力打拼,还可以有机会买到一套属于自己的房子,而到现在却需要动用"6个钱包"①才可以勉强买房。因此,房价大幅上涨的可能性比较低,也并不现实。

房地产是实体经济

其实,高房价不是房地产不适合被投资的根本原因,房价与很多因素有关。例如,土地成本、货币宽松预期、房地产政策的变化等。再有,不同城市的房子的投资价值是不一样的。而影响不同城市、路段房价的因素又与小区容积率、房子所处的地理位置、房龄,以及相关配套措施有关。影响房价走向的因素确实太

---

① "6个钱包"的意思是丈夫的父母、爷爷奶奶、姥姥姥爷加上妻子的父母、爷爷奶奶、姥姥姥爷一共是6个钱包。如果这"6个钱包"能凑够首付的话,那么最好还是买房子。

多、太复杂了。

2016年12月，中央经济工作会议首次提出了"房住不炒"政策。"房住不炒"是指房子是用来住的，不是用来炒的。在该政策被提出之后，意在为当时的房地产市场降温的相关配套措施相继出台。

截至2021年年末，"房住不炒"一直是中央对房地产市场的基本政策。房地产市场政策环境的变化对不少分产业、子产业的发展带来了影响。

2022年1月，据报道，房地产行业涉及57个相关的分产业或者子产业，上游属于制造业，下游属于服务业，这些产业环环相扣，链条很长，任意一个环节断裂就会导致循环不畅。

房地产属于实体经济，也是国民经济的支柱产业。房地产市场的兴衰，深刻影响着多个产业的发展。

过去5年，在"房住不炒"政策的影响下，我国房地产市场出现了明显降温。其中，最直接的影响是房企拿地意愿下降了、房企销售额持续下降。

据统计，2022年1月至11月，TOP100房企销售总额为67268.1亿元，同比下降42.1%。其中，TOP100房企单月销售额同比下降34.4%，环比下降4.9%。与此同时，从2022年1月至11月，销售额在百亿元以上的房企数量明显减少。

百亿销售额以上的房企数量骤降、上市房企的股票市值快速缩水等现象反映出，当前房地产市场的发展明显在减速。随着"房住不炒"政策的深入推进，房地产市场的发展步入了一个优胜劣汰的阶段，加快行业洗牌自然难以避免，这时更考验房企的现金流水平和风险管控能力。也就是说，如果房企的综合实力较强、回款能力健康，以及负债率水平比较稳定，那么房企的抗风险能力也会相对较强。

房地产市场迎来转折点

随着"房住不炒"政策的提出，房地产市场从黄金期逐渐步入了白银期。作为行业标杆企业的万科表示，房地产将进入"黑铁时代"。标杆企业尚且发出这番感慨，那么中小房企的日子自然就更加不容易了。

从2015年开始，不少上市房企陆续步入了漫长的调整周期。经过几年的深度调整之后，房地产行业的市盈率、市净率指标已经跌破历史估值水平，而且行业的周期调整也算相当充分了。但是，市场资金却迟迟不进入房地产板块，这主要因为市场正在等待着政策见底反转。

2022年11月，中国房地产市场迎来了一个重要的转折点。

从金融支持16条到多家银行为房企提供授信意向额度，再到上市房企和涉房上市公司再融资松绑，这一系列的措施为房地产市场带来了充分的活力。这一系列的措施表明房地产行业的政策底部基本上得到了确立。

作为企业经营的晴雨表，上市公司的股票价格表现更能说明问题。从2022年10月至12月，A股和港股市场反弹速度最快的上市公司均是房地产企业。与A股的上市房企相比，港股市场的内房股反弹速度更为迅猛,其从调整低点反弹以来,在短短一个多月的时间内,已经出现了超过两倍的涨幅,可见政策环境的实质性回暖对上市房企的影响确实明显。

那么,随着房地产市场政策底部逐渐明朗,房地产市场的投资机会是否会被重新点燃呢?对此,笔者从几方面进行分析。

首先,一系列政策措施并非盲目鼓励上市房企与涉房上市公司的再融资行动。从本质上来看,一系列利好政策的初衷并非是刺激房价,而是使房子加速回归居住属性,这依然离不开"房住不炒"的主基调。

从具体的政策措施也能看出这个意图。例如,在允许上市房企以非公开方式再融资的前提下,募集资金被引导至政策支持的房地产业务上,包括与"保交楼、保民生"相关的房地产项目,经济适用房、棚户区改造或旧城改造拆迁安置住房建设项目,以及通过补充流动资金、偿还债务等来满足上市房企的再融资需求。

其次,房地产政策刺激意在提振实体经济,激发与房地产相关联产业链的活力。

最后,"保交楼"的环节其实是非常考验房企的资金链状况的,假如资金问题不能够得到很好解决,"保交楼"的进度会受到严重影响。

从多家银行对房企提供授信到证监会恢复房企的再融资,这些政策的目的都是要拓宽房企的融资渠道及解决房企的资金链问题。此外,政府还开展了不动产私募股权基金试点及通过REITs来盘活房企的存量资产。

政策环境的实质性的宽松也会引起资本的关注，2022年10月至12月房地产股票价格的大幅上涨，这是资本市场对房地产政策持续回暖的回应。

房地产还适合投资吗？

回到主题，当下的房地产还适合投资吗？

"房住不炒"更强调房地产的居住属性。因而房子的金融属性就被降低了不少。

10年前，炒房客还可以依靠投机牟利，改变命运。然而，投机炒房已经是过去式，即使投机者还可以赚取一些差价和利润，但更大的难题是房产变现以及房子的流动性问题。

因此，当前政策并非在鼓励炒房，而是确保"保交楼"的任务能够完成，让房子回归居住的属性。

第三节　银行理财学问大

最近几年，刚性兑付成为投资领域的热词，是指在产品到期之后，银行或信托公司必须分配给投资者本金和收益。正因为信托行业存在刚性兑付，且信托产品的整体收益率比较高，大量的投资者被吸引去理财。

刚性兑付就是保本的意思。一旦投资风险出现，信托公司或者银行会为投资者做出保本兜底的承诺，这很容易让投资者产生一种理财或信托产品安全性高、收益率可观的投资误区。

实际上，刚性兑付对信托行业、银行理财的影响是弊大于利的。这是因为这会让投资者很容易地形成一种严重的依赖症。

按照一般的投资逻辑，风险与收益应该呈正相关关系。换言之，投资风险越大，潜在的收益率越高，也就是高风险与高收益并存。刚性兑付在很大程度上破坏了这一正常的投资逻辑，导致风险与收益的不匹配现象。在过分强调"保本"的背景下，投资者所获得的收益率远高于同期稳健型产品的收益率，却只需承担很小的投资风险，这种不匹配最终会导致投资市场的畸形发展。

刚性兑付会造成哪些不利影响？

无论是信托还是银行理财产品，它们都不属于安全性很高的投资品种，而且不受存款保险制度的保护。如果刚性兑付长期存在，这对其他投资者是不太公平的。最终，更多参与投资低风险、低收益产品的投资者会涌向信托和银行理财，这将进一步加大信托公司与银行的兜底压力。一旦陷入资金挤兑的困境，信托机构和银行会出现经营风险，甚至引发系统性风险。

此外，刚性兑付的长期存在会大幅提升整个市场的无风险利率水平，这将不利于其他投资渠道的健康发展。

比如，如果一款年收益率高达 6% 以上的产品承诺刚性兑付的兜底保障，那么之前参与储蓄国债、大额存单，以及银行定存的投资者会将大量资金转投向具有保本优势的信托与银行理财产品，这对整个金融市场的健康运行是极为不利的。

刚性兑付的拐点

过去几年,不少人借助刚性兑付的红利期获得了可观的理财收益。但是在长期中风险与收益不匹配的投资方式必然会得到纠正。

2018年《关于规范金融机构资产管理业务的指导意见》的正式发布,标志着刚性兑付的拐点的出现。

该指导意见要求资产管理业务不得承诺保本保收益,明确刚性兑付的认定及处罚标准,鼓励以市值计量所投金融资产,同时考虑到部分资产尚不具备以市值计量的条件,兼顾市场诉求,允许对符合一定条件的金融资产以摊余成本计量。

纵观全球市场,打破刚性兑付是一种必然的发展趋势。因为,刚性兑付的不合理性使其偏离了资管产品"受人之托、代人理财"的本质。根据经济发展规律,随着市场环境的持续改善,无风险利率会呈现出长期下行的趋势。

而刚性兑付的存在不仅导致了风险与收益的严重错配,而且扰乱了市场正常的运行秩序。随着刚性兑付逐渐被打破,长期无风险利率将呈现下行趋势。

打破刚性兑付后,资金会往哪里跑?

近年来,实质性违约现象有所增多,打破刚性兑付后的影响正逐渐显现。刚性兑付的打破意味着投资者需要更高的资产配置能力。与此同时,丰富投资渠道与投资品种也是非常重要的,从信托或银行理财转移出来的资金也需要找到一个投资出口。

在刚性兑付时代，虽然投资风险不算很低，但考虑到保本兜底因素，许多稳健型投资者会选择信托和理财产品。

但是，随着刚性兑付被打破，投资者会寻找安全性更高、收益率略高的投资渠道，大额存单自然成为这部分投资者重点关注的对象。

大额存单属于一般性存款，并被纳入存款保险的保障范围内。大额存单的投资安全性是比较高的。相比银行定存，大额存单的收益率也会略高一些。

当信托和银行理财产品的刚性兑付被打破之后，市场资金也流向了不同的投资领域，以获得资产增值的效果。

然而，大额存单、储蓄国债、货币基金等投资渠道只能为投资者带来稳健的利息收入，不能带来资产的大幅增值。

投资股票、基金可能才是实现资产快速增值的最佳投资渠道。既然投资者希望获得超额的回报率，就需要承担相应的投资风险，这也符合高风险与高收益并存的基本规律。

信托与银行理财还值得投资吗？

打破刚性兑付已经是一种趋势了。随着无风险利率的逐渐走低，未来理财收益率也可能会逐渐下行，投资者很难找到年收益率超过 5% 的理财产品了。但是，这并不意味着这些投资渠道已经不具有投资的价值了。

未来，信托产品的合规性要求会越来越高，而且凭借着较高的准入门槛，对投资者适当性的要求会更加严格。不过，为了留住客户，信托机构会更专注于信托产品的专业化设计，为投资者提供更有针对性的服务。

银行理财已经完成了净值化的转型。投资者可能对从保本保息类型逐渐转型到净值化的管理模式很难接受，但投资者必须明白，银行理财产品也存在亏损的风险。而未来银行理财产品的标的设计以及资产配置模式将接受考验，投资者更容易关注净值化表现更强、口碑更佳的产品。

未来投资者的投资习惯与投资风格也会发生实质性的变化。从长期看，无风险利率有逐渐下行的趋势。这意味着股票市场的投资价值将进一步提升。

在打破刚性兑付后，其他投资渠道和品种的吸引力将会提升，特别是股票、基金等，这也是无风险利率持续下降的必然结果。参考美国股市的表现，我们会发现股市长期走牛与低利率市场环境存在密切的联系。低利率不但会提升股票市场吸引力，还会降低上市公司股份回购成本和借贷利息成本。因此，上市公司借助低利率成本优势发展壮大，又会对上市公司股票价格形成正向影响。长期的低利率市场环境为股市的长期牛市奠定了坚实基础。

第四节　黄金投资的技巧

说起黄金，几乎每个人都会对它心动。究其原因，是因为黄金既可以用作储备，又可以视为投资品种，是一种特殊的硬通货。从历史走势来看，黄金价格长期保持稳健上行的趋势，大家对黄金价值的认可度是非常高的。

黄金之所以很值钱，一方面是因为黄金本身很稀缺珍贵，稀缺的特性推动了黄金价格的长期上行；另一方面是因为黄金获得了全球主要市场的认可，特别是在19世纪末国际金本位制度建立之后，黄金已经具备了货币的全部职能，黄金的影响地位被推至非常高的水平。

黄金的价值几何？

每个人在日常生活中都离不开货币。一般来说，货币的实质是一般等价物，货币的基本职能包括支付手段、价值尺度、流通手段，以及贮藏手段等。黄金曾经被当作货币使用。

早在19世纪末，全球首次建立起国际金本位制度，在该种制度下，黄金具备了货币全部职能。彼时，人们对黄金的认可度是相当高的。

1944年布雷顿森林体系建立，一种以美元和黄金为基础的金汇兑本位制得以确立。布雷顿森林体系的建立主要得益于当年美国拥有全世界四分之三的黄金储备，同时得益于当时美国强大的经济军事实力。布雷顿森林体系进一步奠定了美元与黄金的影响地位，美元也变成了黄金的等价物。

在历史上，黄金的地位已经极其稳固了。近十年来，随着比特币的崛起，有人曾经认为比特币会替代黄金，但由于黄金的影响深远，它的投资价值依然得到各国的认可。

根据世界黄金协会的数据，2022年全球黄金需求同比增长了18%，达到了4741吨，并创下了11年来的新高。与此同时，2022年全球央行购金需求高达1136吨，同比增长了152%，创出近55年来的最高水平。

很显然，各界对黄金需求的大幅提升，在一定程度上反映出，黄金的价值依然是稳固的。

黄金长期投资价值如何？

纵观黄金的历史走势，虽然长期价格重心稳中有升，但并非一直保持上涨的趋势。在过去100年里，黄金价格大概有20年是上涨的，其余年份都处于调整震荡中。

例如，从1971年至1980年，黄金价格走出了一轮长期牛市行情，当时的市场背景是布雷顿森林体系解体，美元与黄金脱钩引发了美元信用体系的崩溃。从1980年之后，黄金价格步入了20多年的震荡筑底期。到了2004年，黄金价格才走出一轮新牛市行情，并于2011年见顶，而后又步入了长达8年的调整周期。

由此可见，黄金价格的长期走势还是具有较大的不确定性，并非处于一直上涨的运行趋势。投资黄金，需要讲究时机，更要懂得如何判断国际形势，并且综合考虑各方面的影响因素。从总体上分析，黄金投资并非是简单的事情，非常考验投资者的宏观分析能力和投资时机的判断能力。

黄金价格受到哪些因素影响？

自 2019 年下半年以来，黄金价格再次出现了加速上涨的走势，并于 2020 年下半年创出了历史新高。距 2011 年四季度相隔了近 9 年的时间，黄金价格才又冲上新的高点，由此可见选择投资时机确实显得非常重要。如果投资者在 2011 年下半年建仓黄金，那么他会面临长达近 9 年时间的套牢风险，期间还需要承担时间成本。

那么，黄金价格的走向会受到哪些因素的影响呢？

从历史价格走势分析，影响黄金价格的因素比较复杂。投资者既要考虑全球货币环境的变化，又需要关注到市场情绪的变化。因此，判断黄金价格的走向，不能仅以某一因素作为依据，而是需要综合衡量。

以 2023 年为例，黄金价格走出了一轮加速上涨的行情，这主要是因为市场避险情绪升高。引人关注的是美国硅谷银行的破产风波。受此影响，欧美银行股出现了大幅下跌，储户挤兑风险以及资金集中抛售压力引发了市场避险情绪的迅速升温。

虽然市场情绪的变化并非决定黄金价格走向的绝对影响因素，但敏锐的资本会借助市场情绪的波动进行频繁交易，从而引发资产价格的大幅波动。

在历史上，面对突发事件，投资者第一时间会考虑到黄金避险。经过了多年来的发展，黄金在全球各国的影响力依然很大，在全球投资者心目中的地位也是根深蒂固的。

除了投资情绪，黄金价格上涨还与美元指数的波动有着密不可分的联系。

一般来说，黄金与美元之间存在负相关关系。在多数时间里，如果美元走强，那么黄金疲软。反之，美元走弱，资金就会转投黄金，并促使黄金价格上涨。

值得一提的是，在通胀持续攀升时，黄金价格也会呈现出水涨船高的走势。具体表现为，通货膨胀率上升会引发货币购买力下降，投资者为使资产保值，需要增加黄金的配置比例。

此外，黄金价格走向还会受到市场利率、市场供需状况的影响。

黄金投资需要注意些什么？

随着投资渠道的逐步拓宽，投资者将黄金列入资产配置的品种之中。

那么，黄金投资应该要注意些什么呢？

首先，并非所有黄金类产品都适合投资。例如，金首饰或者被加工过的金饰品并不适合投资保值，因为金饰品价格包含了一定比例的人工成本，附加费用并不低。当金饰品被回收的时候，典当行等回收渠道只能以二手价格收入，也就是收购价是在原价基础上打折扣，这表明用金饰品进行黄金投资显然并不划算。

再者，纯度高的实物黄金，例如纯金条、纯金砖等，它们的投资收藏价值会比一般的金饰品要高一些。不过，投资者收藏黄金可能会承担更高的购买成本，因为银行和金店可能会在现货价格的基础上设定一定的溢价，从中获取一定的利润。

此外，投资者可以通过投资纸黄金、期货黄金、国际现货黄金来参与黄金投资。在实际中，投资者需要考虑潜在的杠杆比例和市场价格波动风险，这类黄金产品更适合有较高风险承受能力的投资者购买。稳健或保守型投资者更适合通过实物黄金等方式参与投资。

如果是投资纸黄金，主要是通过低买高卖获取差价利润，而且纸黄金没有杠杆，且交易由银行提供，交易费用比较高，投资者参与纸黄金交易需要考虑交易成本、差价波动的因素。如果是投资国际现货黄金，那么投资者需要了解交易时间、交易规则等，由于潜在杠杆率很高，所以投资者会面临比较高的投资风险，这类产品对投资者的综合能力要求很高。

大多数投资者参与黄金投资应尽量选择自己看得懂的投资方式，对高杠杆且交易规则复杂的黄金投资方式还是少碰为宜。假如投资者看好黄金的长期走势，不妨在合理的价位附近投资高纯度的实用黄金，这既可以达到投资保值的目标，又可作为传承后代的投资，投资者不必过多在意黄金价格的短期波动。

黄金还值得投资吗？

从长期投资的角度出发，黄金具备了保值增值的效果。但是，这对投资者的持有耐心是一种极大的考验。

在过去50年里，黄金走出明显涨幅的牛市行情只有两个时间段，分别是1971年至1980年和2004年至2011年。一旦黄金步入调整走势，调整周期还是非常漫长的，甚至比A股熊市周期还要长。

举一个例子,如果投资者在20世纪80年代初的高位购买黄金,那么可能要经历长达20年以上的调整周期,这个周期非常考验投资者的耐性,一般人无法忍受这么长的时间,除了把黄金视作传承后代的收藏品的投资者。

即使是最近10年,自黄金价格从2011年见顶之后,黄金价格走出了长达近8年时间的调整周期。由此可见黄金投资并非是一件容易的事情,高位区域追涨黄金仍需要做好长期持有的心理准备。

因此,投资黄金不妨采取两种策略,一种是顺势而为,另一种是逢低定投。

采用第一种策略,投资者可以利用黄金的上涨周期顺势买入,分享黄金价格上涨的收益。一旦黄金价格下滑、跌破重要的心理防线或者重要的技术支撑位置,投资者可以转而抛售黄金。顺应趋势投资可以减少等待的时间,此时只需要紧盯着某一个重要技术位置即可。但是,这种投资策略非常考验投资者的止损能力,一旦价格跌破某一重要技术点位,投资者尽量严格遵守止损规则,防止亏损进一步扩大,因为下一轮上涨周期恐怕要等到多年之后了。

采用第二种策略,投资者可以在黄金价格大幅下跌之后的漫长筑底过程中选择定投。战略性定投策略的投资风险相对较低。

除把黄金视为可传承收藏的资本品的投资者之外,注重差价交易的黄金投资者还是需要量力而行,因为高杠杆投资工具并非是普通投资者可以把控的,稍有不慎会落得血本无归的后果。因此,黄金投资还是要把风险放到第一位,然后再考虑资产增值的事情。

第五节　投资港股、美股,有哪些不同

假如你拥有一笔可观的财富,你可以考虑对全球资产进行投资,可优选流动性强、影响力大,且具有一定市场规模的投资市场。例如,港股市场和美股市场。

投资者对A股市场的投资规则应该是非常熟悉了。但是,他们可能对港股、美股市场的投资规则比较陌生。在资产被全球配置之前,投资者必须提前熟悉市场交易规则,以避免投资"踩雷"。

港股美股市场交易规则的不同

A股市场的交易制度是T+1的方式,结算方式也是T+1。也就是说,投资者当天卖出股票,需要等到第二个交易日才能取出资金。同时,投资者在当天买入股票,需要等到第二个交易日才可以卖出。

港股市场采取的是T+0回转交易制度,同时采取T+2交收制度。也就是说,港股市场支持当天买卖,但交收需要T+2日。

美股市场采取的是T+0交易制度,同时采取T+2的交割制度,这意味着投资者在交易完成后,需要等到第三个交易日才可

以完成清算交割。此外，美股市场分为现金账户与融资融券账户。而融资融券账户要根据不同的资产规模适用不同的交易制度。

从买卖最小单位来看，A 股市场最低买入数量为一手 100 股。从最小变动单位看，A 股最小变动单位是 0.01 元。

在港股市场中，最小买卖单位也是一手，但不同上市公司对应的每手的股票数量也有所不同。例如，腾讯控股每手是 100 股，碧桂园每手是 1000 股，中国移动每手是 500 股，中国石油股份每手是 2000 股等。

在最小变动单位方面，港股市场的规则要求比较细化。例如，在 0.01 至 0.25 港元区间，最小变动单位是 0.001 港元；0.25 至 0.50 港元的最小变动单位是 0.005 港元；0.5 至 10 港元的最小变动单位是 0.01 港元。

再来看美股市场，最小的交易单位是 1 股，投资者可以选择购买 1 股或以上数量的上市公司股票。从股票价格的最小变动单位来看，1 美元以上的是 0.01 美元，1 美元以下的上市公司的股价最小变动单位是 0.0001 美元。

与投资 A 股相比，投资港股和美股存在着很多的区别。例如，从市场指数的设计上，上证指数的样本股是在上海证券交易所全部上市的股票。恒生指数则是由若干只成分股市值计算得出的，并代表了香港交易所全部上市公司的 12 个月平均市值涵盖率的 63%。道琼斯指数则是以 30 家著名的工业公司股票作为指数编制对象。标普 500 指数则是由 400 种工业股票、20 种运输业股票、40 种公用事业股票，以及 40 种金融业股票组成，成为市场行情走向的风向标。

由此可见，不同的样本数量或样本股，将会深刻影响市场指数的走向。有人说，上证指数十多年来依然围绕在 3000 点运行，这很可能与样本股的设置有关，市场指数难免会对市场现象作出失真反映。道指纳指长期处于上涨通道，但在更大程度上反映出的是其样本股、头部公司的市场价格走向，一批股价走势明显跑输同期市场指数的上市公司的表现并未能得到反映。

参与港美股投资的方式有哪些？

投资港股美股市场，可以考虑采用以下这两种投资方式。

第一种方式是通过 QDII 基金投资。

QDII 指的是合格境内投资者，即是在资本项目尚未完全开放的前提下，为满足国内投资者投资海外市场的需求而设计的基金。没有港股美股资金账户、且有着海外资本市场投资需求的投资者，可以通过 QDII 基金实现对海外资产的配置。

不过，投资 QDII 基金的投资者同样要承受一定的投资风险。例如，汇率波动风险、市场风险以及海外政策风险等。投资者仍需要仔细观察 QDII 基金具体配置的投资品种，因为不同的投资品种或投资比例会产生出不一样的投资效果。

第二种方式是投资者通过港股通渠道实现投资，但目前并不支持美股投资。

通过港股通，投资者可以直接参与港股市场的投资。不过，此类投资者的资金水平要达到一定的门槛，如个人投资者的证券账户与资金账户余额合计不低于50万元。与此同时，能交易的股票范围也受到一定限制，如只能选择投资恒生综合大盘股指数、恒生综合中型股指数的成分股，以及同时在沪港上市的A+H股等。

此外，通过港股通投资与直接投资港股所适用的分红税率也不同。例如，港股通股票分红税率为20%，通过港股账户直接投资港股的分红税率为10%。

在不同的股票市场上投资规则有所不同，投资者不能把A股的投资思维照搬到港股和美股市场上。

值得一提的是，在港股市场上，因为不少上市公司的股票面值极低，所以不存在面值退市的说法。与此同时，因港股市场长期存在流动性不足问题，加上市场供应量比较大，所以"仙股"（指价格已经低于1元的股票）遍地。假如投资者用A股市场的低价股投资逻辑去抄底港股的低价股，那么很可能会"踩雷"。0.5港元的港股不算便宜，股价也可能会跌至0.1港元，所以价格越便宜的股票未必越值得投资。

在港股和美股市场中，头部优质企业更容易受到市场资金的青睐。纵观这两个市场近二十年的市场表现，涨幅显著的往往是那些头部优质资产。普通股票往往会出现长期跑输同期市场指数表现的走势。由此可见，即使是在港股美股市场，优质资产仍然是市场资金重点关注的对象。良好的基本面与稳健的盈利增长能力成为这些优质资产股价长期上涨的重要推动力。

如果投资者没有充裕的资金量，不熟悉其余市场的交易规则，笔者建议投资者不要轻易进行全球资产配置。只有先熟悉市场投资规则、提前了解市场投资环境、做好充分准备的投资者，才能参与港股、美股投资，并尽可能将投资风险降低。

第二部分
抓住投资机会

随着经济的快速发展和人们投资资金的不断增长,整个社会的投资需求日趋旺盛,可供选择的投资渠道也越来越多。但是,面对政策变化和多样化的投资品种,投资者如何练就慧眼识珠的看家本领,可谓至关重要。普通投资者只有掌握股票、基金等主流品种的基本投资技巧,提升风险识别能力,找到适合的买卖点,才可能做对每一笔投资。

第三章

股市投资诀窍

第一节 怎样抓住一轮牛市机会

对于任何一位投身于资本市场的人来说,牛市是最让人心动的。在牛市行情中,投资者可以通过股票、基金等投资迅速获得财富的增值。而在震荡市场、熊市等环境下,资产增值的实现难度很大。因此投资者无不盼望着牛市的到来,这也是他们进入股市参与投资的最大动力。

如何判断牛市?

在股票市场中,有牛市、熊市与震荡市的说法。牛市主要是指多头市场,其股市指数和个股价格呈现出中长期上涨的运行趋势。在牛市环境下,最佳的投资策略是持股待涨,这也是实现投资利润最大化的最佳策略。

正因为在牛市中最佳的投资策略是持股待涨。那么,在什么样的条件下投资者才可以采取这一投资策略呢?

通常来说,当股票市场呈现出多头行情,也就是主要均线呈现出向上发散的运行趋势,而且股票价格的中长线运行趋势保持稳定向上状态，这就是采用持股待涨策略最佳的市场环境。

在多头市场行情中，顺势买入个股的胜率很高，而在这种行情中任何卖出的做法都可能出现踏空的风险，投资者往往需要用更高的成本买回这些筹码。同理，在熊市行情中，市场往往处于长期下跌的趋势，我们经常把这种市场环境视为空头市场。在空头市场上，任何抄底的动作都可能会面临失败的风险，投资者总以为是底部，但底部可能不断出现，投资者就要被市场一次又一次地教训。由此可见，顺势而为的投资者才是可以跑赢多数投资者的成功者。

A 股市场具有"牛短熊长"的特征

A 股市场上，常有"牛短熊长"的说法。回顾近二十年的牛熊转换过程，我们可以窥探到 A 股市场的基本运行特征。

1999 年，A 股市场科网股大幅上涨，这迅速引发了市场赚钱效应。在这波行情全面爆发后，全球科网股也出现了全面大涨的走势，但后来股市泡沫最终破裂。

从 1999 年的上涨行情到 2001 年 6 月 2245 点，这一轮上涨周期约 2 年。从 2001 年 6 月 A 股见顶之后，A 股市场开始步入长达 4 年的熊市周期，即 2001 年 7 月至 2005 年 6 月。

2005 年下半年，股权分置改革的实施加上当时股市的流通股市值较低的状况，使流动性出现迅速提升，股票市场的活跃度再度被提升。

从 2005 年 7 月到 2007 年 11 月，上证指数从 998 低点大幅上涨至 6124 点，这也成了上证指数的历史最高点。这一轮大牛市行情造富了不少胆大且有耐心的投资者，很多人改变了人生命运。

然而到 2008 年，股市遭遇金融海啸冲击。在短短一年里，上证指数大幅下跌至 1664 点，一年内最大跌幅高达 72.8%。

在 2008 年四季度之后，"四万亿刺激政策"出台，A 股市场随之出现了快速回升的走势。从 2008 年 10 月至 2009 年 8 月，上证指数反弹至 3478 点，累计最大涨幅超过一倍。

2009 年的反弹行情主要受益于宽松政策的影响，同时也是对 2008 年市场非理性下跌的情绪修复与技术面修复。在多重因素的影响下，当年股市的快速反弹行情称得上是一轮小牛市。

2009 年 8 月之后，A 股市场出现了超过四年的熊市调整行情，这波行情一直延续到 2014 年 6 月。在此期间，上证指数曾在 2013 年 6 月落到 1849 低点，之前大部分的上涨成果被吞噬掉。

从 2014 年下半年开始，A 股市场重新走牛，并于 2015 年走出了一轮杠杆牛市行情，当时上证指数快速飙升至 5178 点。考虑到当时市场的扩容速度比较快，5178 点所对应的股票市值规模已经远远超过了 2007 年 6124 点的市值规模。

在杠杆资金的推动下，股票市场的资金杠杆率显著提升，场外配资规模更是出现了快速飙升的迹象。但是，杠杆工具本身也是一把双刃剑，在上涨趋势下，杠杆工具会起到助涨的作用，但在下跌趋势中，它也会起到助跌的作用。

在杠杆牛市结束后，A 股市场走出了一轮"去杠杆化"的行情，2016年1月上证指数触及了2638点。随后，A股市场展开了宽幅震荡的行情，并于2018年四季度触及2440点的调整低点。

从2018年至2023年，A股市场展开了长达6年多的宽幅震荡行情，3000点附近依然是A股市场的运行中枢区域。

经过复盘，我们发现过去20年A股市场存在的一些运行规律。

例如，A股市场"牛短熊长"的特征极为明显。其中，A股市场的牛市周期一般不超过两年，熊市调整周期在四年左右。

因此，投资者要充分利用好A股市场的短暂牛市周期，实现资产快速增长值，错过了可能又要等几年。

抓住一轮牛市机会有哪些投资策略？

面对短暂的牛市上涨周期，投资者需要与时间进行赛跑，珍惜每一个交易日的上涨机会。那么投资者应该怎样抓住一轮牛市的投资机会呢？

首先，顺应市场运行趋势，持股待涨会是比较好的投资策略。简而言之，就是不做任何折腾的投资操作，这也是牛市最好的投资策略。

其次，投资者需要了解新一轮市场上涨行情的领涨板块与上涨逻辑。

在实际操作中，这将考验投资者的专业分析能力，如果投资功底不扎实，最终的分析结果会受到直接影响。当然，还有一种稳健的投资策略，即在投资者无法把握住市场的领涨板块时，投资者通过投资券商板块来达到资产配置的目标。因为，纵观历次牛市行情，券商很少会缺席。

最后，投资者在毫无头绪时可以投资衔接核心市场指数的指数基金或是比较稳妥的选择。

在牛市中，大多数投资者最害怕的事情就是踏空。在全面注册制环境下，A股市场的牛市已经很难出现过去齐涨齐跌的走势，结构性的行情更易显现。因此，投资者会遇到"赚了指数，不赚钱"的问题。如何应对此类问题呢？投资衔接核心市场指数的指数基金或是很好的办法。

指数基金是以特定指数为标的，以减少跟踪误差为目的、追踪标的指数表现的基金产品。常见的指数基金包括沪深300、标普500、创业板、纳斯达克100指数等。

简单来说，投资指数基金相当于投资市场指数。与直接投资股票相比，投资指数基金可以更好跟踪市场表现，避免了黑天鹅风险。该种投资的风险更低，稳定性更强。此外，指数基金的投资成本或投资费率也相对便宜。投资指数基金可以有效避免人为因素干扰，不同于主动型基金依靠的是基金经理的投资本领与资产配置能力，指数基金则从最大限度上降低了人为因素的影响，长期投资可使投资者更加放心。

指数基金投资的投资风险相对股票投资是基本可控的，投资稳定性会更强。因为该基金是跟踪市场指数的波动，并受到市场指数波动的影响。

当市场处于非理性调整时，指数基金的回撤风险还是不可小飚的。例如，2015年下半年，A股市场出现了非理性下跌走势，对指数基金来说，回撤风险并不小。由此可见，投资指数基金，关键要看投资的时机和投资的仓位比重。

如果投资者不幸在高位追高买入，那么他可以通过底部定投的策略不断降低平均持股成本。只要高位买入指数基金的仓位比例不是很大，投资者还是可以通过这种底部定投策略把高位成本降下来的，当市场出现一轮中级反弹行情时，投资者就可以获利了。

总之，投资者可以通过投资指数基金的方式抓住一轮牛市行情。但是，投资指数基金，应该在估值底部区域开始，而不是在估值高位区域才进入。与此同时，当市场处于估值底部区域附近时，指数基金的投资比例可以不断加大，投资者也可以通过定投的策略降低成本，只有持有的数量足够多，在新一轮上涨行情中才可以获得丰厚的利润。

第二节　投资周期行业的致富密码

在投资市场中，我们经常会听到周期行业。周期行业是指与国内外经济波动相关性较强的行业。具体来说，包括钢铁行业、煤炭行业、有色金属行业、工程机械业等。另外，证券、水泥、化工、汽车、房地产等行业也具有周期的属性。

在股票市场中，投资周期行业的机会有很多，但风险也是不小的。假如投资者在上一轮周期的高点买入了周期股票，那么他可能需要等待一个周期以上，才可以获得解套的机会，这才是周期股投资的最大风险。

周期股的投资最考验的是投资者的耐心，但这是普通人无法承受得起的考验。

比如，2007年以来，以有色金属为代表的周期行业出现了大幅飙升的走势，不少周期股创下了历史新高。但是，时隔16年，部分投资者依旧未能解套。

投资周期股不是一件容易的事情。如果投资者长期跟踪周期股走势，那么他们就会摸索出一些投资的规律。

当许多周期行业中的上市公司的普遍业绩大幅增长时，周期拐点往往很快出现。反之，如果周期行业出现了全行业亏损的状态，甚至部分企业出现严重亏损倒闭现象，那么周期行业底部可能将至，行业很快会迎来回暖的机会。

周期股的筑底过程是令人非常煎熬的，但如果投资者在熊市末端开始大举建仓周期股，一旦新一轮周期启动，那么这批投资者将会迎来非常丰厚的投资利润。不过，这更考验投资者对周期底部的判断能力。

投资周期行业取胜的要素是什么？

在投资市场中，最忌讳的投资行为是将资金投向自己不熟悉的行业领域。周期行业并不是普通投资者可以驾驭的投资领域。

既然投资周期行业具有很大的不确定性，那么普通投资者是否有取胜的机会呢？

长期跟踪周期行业的投资者对这类行业的运行规律是有一定的判断能力的。例如，在长期跟踪猪周期后，投资者普遍了解到猪周期的运行规律。

一般来说，猪周期的运行轨迹包括生猪供应减少、猪肉价格上涨、母猪存栏量大幅飙升、生猪供应量大幅提升等阶段，之后猪肉价格开始下跌，直到引发养猪户或猪企大量淘汰母猪，生猪价格普遍跌破养殖成本，并引发生猪供应量大降为止。在供应大幅萎缩的背景下，肉价再次开始上涨。

由此可见，一轮猪周期大概需要三四年的时间。

再以传统周期行业钢铁行业为例。研报显示，从2001年到2022年，我国钢铁行业共经历了四轮周期，但周期持续时间各不相同。从2016到2019年，钢铁行业步入了"去产能"周期，2021年四季度后，钢材需求端压力逐渐加大，价格开始步入下降通道。

从总体上分析，钢铁行业的周期属性非常强。当价格开始步入下降通道后，调整周期并不会轻易结束。投资者可以摸索出行业运行的规律，并借助该规律提前布局。一旦遇上价格上涨周期，投资者的投资回报率是相当可观的。

但是，投资周期股是不宜恋战的，投资者需要在周期高点或者次高点及时卖出，否则要等到下一轮周期开始才能获得解套的机会，时间成本较高。

除了借助周期规律外，投资者还可以通过逆向思维进行周期股投资。

在正常的投资思路下，投资者应更关注市盈率等指标。一般来说，上市公司的业绩越好、市盈率越低，投资价值越高。但是，周期行业的投资思路却恰恰相反。

当周期性行业全面处于赢利能力高企、业绩飙升且估值普遍极低的情况时，往往是周期高点的到来。在周期高点附近，投资者追高买入反而容易受损失。

相反，当全行业处于普遍亏损，且整体估值偏高的情况时，行业往往逐渐接近周期低点。用逆向思维进行周期股投资，就是在市场普遍乐观的环境下卖出，在市场普遍悲观的情况下买入。通过这样的反复操作，投资者会获得意想不到的投资效果。

不宜恋战周期股

按照价值投资的说法，长期持股优质资产，再将分红用于再投资，投资利润最大化就可以实现。但是，这种投资办法并不适用于周期股投资。

周期股投资的投资策略是把握住周期规律，并利用周期高低点进行买卖，且不宜恋战。

假如行业处于周期高点区域，投资者却迟迟不肯获利了结，那么他很可能会错过最佳的卖出时机。接下来，一旦周期行业步入新一轮的调整周期，投资者就只能等待下一轮的周期高点了。投资者需要承担巨大的时间成本，得不偿失。

价值投资者遵循的长期价值投资原则，更适合业绩长期增长，且周期属性比较弱的白马股。白马股往往可以走出穿越周期的走势，股价处于长期向上的运行趋势之中。与之相反，周期股无法实现跨越周期的市场表现，深受周期属性的压制。

不同周期属性和行业领域的上市公司，适用不同的投资策略，并不是所有的股票都适合长期持有。周期股的投资更考验投资者对周期规律的判断能力。

值得注意的是，对周期规律的判断不能完全依赖过去的运行规律来推断。如果投资者在2007年高位追高买入了一些具有代表性的周期股，那么将面临15年以上的长期套牢，投资风险实在太大。

因此，投资者不仅需要熟悉相关周期行业的运行规律，而且还需要持续跟踪自己熟悉的上市公司，只有这样他才可能提升投资准确率，降低不必要的时间成本。

第三节　如何卖在好位置

股票市场常有"会买是徒弟，会卖是师父"的说法。由此可见，懂得买入股票，只是投资的第一步，懂得卖出股票，才是股票投资的精髓所在。

如何卖在好位置？首先，要分析你买入的原因是什么，或者说，你是根据什么样的条件买入股票的。充分了解自己买入的理由，将会对你日后的卖出操作有着重要的意义。

举个例子，A先生于某年1月1日买入了某上市公司股票。买入的理由是公司存在优质资产注入的预期，而且股票价格已经长期处于底部区间震荡徘徊，向上突破的概率比较高。

优质资产注入预期和股价长期处于底部区间震荡徘徊，属于A先生买入某上市公司股票的核心原因。那么，在接下来的时间里，这两个买入条件是否会发生实质性的变化是A先生需要密切关注的方面。

市场往往热衷于炒作预期，只要这个预期一直存在，公司也没有直接否定，那么它可能就会成为资金炒作的理由。

股票长期处于底部区间震荡徘徊中存在两个关键词，分别是"长期"和"底部区间"。简而言之，目前公司股价已经处于底部位置，向下的空间已经不大了。而且，公司股价震荡的周期比较长，底部长期震荡往往具备充分的换手条件。这个时候刺激股价上涨的理由，可能来自某一个催化剂。

这家公司的股票达到什么样的条件，可以认为是卖出的理由呢？

根据上述条件，当优质资产注入预期被公司直接否认，或者利好兑现的时候，逐渐卖出且锁定利润的时机往往出现。不过，需要考虑的因素是，如果这时公司股价仍然处于底部区间，那么投资者不必急于卖出，因为在底部区域出利空消息，对股价的负面影响不会很大。但是，如果在底部区域上市公司开始密集发布利好消息，这可能会成为股价上涨的导火索。

于是，我们可以得出一个初步结论，当利好预期被直接否认或者利好完全出尽，且股票价格已经经历了一轮较大的炒作空间，股价已处于高位状态，那么这时可以视为阶段性卖出的时间点。也就是说，投资者根据什么条件买入的，就按照什么样的条件卖出。

当市场同时符合所有卖出条件之际，投资者卖出了股票，但此后股价还继续上涨，投资者要承担踏空的风险。这时更考验投资者对公司的熟悉程度，以及对主力资金的了解程度。更稳妥的投资策略应该是：在达到卖出条件之后，投资者采取分批卖出的策略，以降低后续股价继续逼空上涨的风险。

假设某股票的卖出目标价格是8元。在符合卖出条件之后，投资者可以在8元卖出三分之一的仓位。然后，再往上设置一个止盈目标价位。当股价继续逼空触及第二个止盈目标价位时，投资者可以选择卖出另外的三分之一仓位。最后留下来的三分之一仓位，可以被视为观察仓位，即使后续股价继续上涨，承受的逼空风险也不会太大。假如股价触顶调整，剩余的观察仓占比不多，对总市值影响有限，投资者的主动性也会增强不少。

把筹码卖在好位置，听起来简单，做起来并不容易。即使是投资大师，也未必可以保证每一笔交易都能卖在好位置上。

虽然如此，普通投资者凭借资金量不太大、交易灵活性比较高等特征，在选择卖点的过程中还是具有一定优势的。

卖在好位置，有哪些判断方法？

第一种判断方法是，根据什么条件买入的，就按照什么样的条件卖出。这个判断方法已经在上文中谈到过，这里就不再重复了。

第二种判断方法是，买入时只买自己看得懂的企业，卖出时卖出自己看不懂的企业。

具体来说，当买入某一家上市公司股票时，投资者可能会看重该公司的商业模式，买入相当于对上市公司投资价值的认可。投资自己看得懂的企业，获胜的概率也会大幅提升，即使买入后公司出现了亏损，由于自己足够了解公司，看得懂公司的生意，所以不会过于惊慌失措。

买入容易，但卖出艰难。投资者可以选择在自己看不懂公司的时候卖出股票。例如，投资者对公司过去的商业模式很了解。随着公司的业务转型和变革，自己对公司的商业模式越来越看不懂。如果投资者认为公司可能往更坏的方向发展，那么卖出股票也许是此时最稳妥的投资策略。

第三种判断方法是，跟随大资金大机构的脚步。与机构投资者相比，个人投资者在资金量、调研能力、信息获取等方面都不具有竞争优势。个人投资者往往是单打独斗，但机构投资者是团队运作。大机构聚集了一批高智商、高学历人才，在信息获取、市场调研等方面都有更大的优势。

机构投资者的投资节奏与买卖策略，更容易引起市场重视。他们属于先知先觉的投资者，所以个人投资者在无法确定买卖时机时可以跟随大资金、大机构的脚步。当机构投资者密集抛售股份时，股价可能正在步入阶段性的高位，这也许是投资者逐渐抛售股份的好时机。

第四种判断方法是，跟随市场趋势做投资。股票价格的波动在本质上受到股票价值的影响。一般来说，价格围绕着价值上下波动，当上市公司的股票价值越高，股票价格的运行重心会随之提升。反之，上市公司的股票价格运行重心会随之下降。

判断股票价格走势的方法有两种，一是基本面，二是技术面。

投资者通过对基本面的分析来判断股票价值对股票价格的影响。但是，在很多时候，股票价格的波动却更容易受到趋势的影响。市场趋势的走向，既受基本面因素影响，也受技术面原因的影响，此外还受市场资金的影响。

投资者会发现，与基本面相比，市场趋势的变化对股票价格的影响更明显。

股票市场常有"顺势而为"的说法。换言之，基本面很好的上市公司，在下跌趋势中，也很难摆脱股票价格下行调整的压力。

跟随市场趋势做投资，投资胜率会更高。在股票市场上信息不对称的问题大量存在。大多数投资者只能掌握公开资料信息，很难获取未公开的信息。而先知先觉的资金很可能会在信息公开之前提前买入布局，这种信息不对称直接影响投资的结果。

市场价格的走势直接反映出各路资金对上市公司股票价值的判断。跟随市场趋势做投资，会是一种比较稳妥的投资策略。

卖出股票之后要学会不断总结

卖出股票是否意味着这一笔投资全部完成呢？假如投资者计划长期休息，并没有新的投资项目，那么这笔投资可以说是已经完成了。但是，大多数投资者在卖出股票后，很快会有新的投资计划。部分短线投资者可能上午卖出股票，下午又重新投入新的投资项目之中。

成熟投资者卖出股票并不意味着这笔投资交易已经完全结束。他们需要不断总结和学习，这样才可以提升投资的准确率。

有的投资者会对某一家上市公司的股票反复操作，在长期投资过程中对该公司的运行规律、主力资金运作手段有着深入的理解。经过反复投资，投资者会从长期跟踪的股票上获得可观的投资回报。

在股票市场中，容易获胜的投资者大概有以下几类。

第一类投资者，他们长期跟踪某一家上市公司，而且对这家公司的运作规模、盘口特征非常熟悉。久而久之，他对这家公司越来越了解，获利取胜的概率也就大大提升。一年下来，投资者不必进行太频繁的投资操作，就可以获得不错的投资回报率。

第二类投资者，他们选择对某一家上市公司或者某个投资组合进行长期投资，并通过红利再投资的方式不断降低持股的成本，长期分享上市公司成长收益。但是，这类投资者需要非常了解上市公司的基本面、发展前景以及盈利能力，这样才可以提高长期投资的胜率。

第三类投资者，他们会利用指数基金进行长期投资。与第二类投资者相比，这类投资者的投资策略更为稳健，且不容易踩雷。不过，这类投资者可能需要更多的耐心，且需要选择好合适的投资时机。

除此以外，还有一类投资者，会利用市场信息不对称进行获利。但这种方式并不适合普通投资者，因为并不是谁都可以掌握到市场中的信息优势的。

在股票投资上我们都需要明白一个道理,即坚持做好自己熟悉的事情,做好自己熟悉的投资。也就是每个人都会有自己擅长和熟悉的投资方法,找到那个适合自己的投资策略,坚持做好它,那么在长期投资过程中你获胜的概率也会比较高。

投资的买卖点,投资者可以在实践中不断摸索、不断总结,在这样的过程中不断降低投资误差、提升投资准确率。更重要的是,不管投资者把股票卖在什么价位,在卖出之后都不要有太多的抱怨。既然筹码被卖出,投资者就要摆正心态。在完成一笔交易后,只需要记住自己总结的经验教训,该放下的还是要果断放下,再厉害的投资者也无法保证每一笔交易结果都是完美的。

第四节　不要低估投资复利

复利是"利滚利""利生利"的意思。投资者把本金与利息一起放入新一轮投资,这种利上加利的方式可为投资者带来更高的投资回报率。

与复利相比,单利只对本金计取利息。也就是在到期时一次性还本付息,投资者在下一轮投资环节中,只投入本金,不把之前所产生的利息投入进去。

单利的计算方式比较简单,投资者只需要记住本金、利率与存放的年限,就可以计算出在单利模式下的利息收入。

举个例子,李先生到银行办理一笔存款利率为3%的定期存款，存款期限为 3 年。李先生计划存入 50 万元资金，那么在 3 年后，李先生可以获得多少利息收入呢？

按照单利的计算方法，即 50 万乘以 3%，再乘以 3 年，即 3 年后李先生可以获取 45000 元的利息。换言之，在 3 年后，李先生可以一次提取本息合计 545000 元。

假如按照复利的方式计算，李先生又可以拿到多少本息呢？根据复利的公式，我们可以得出本息合计 546363.5 元。也就是说同样的存款时间、利率，以及本金，复利比单利时的本息多出了 1363.5 元。

在资本市场中，投资大师沃伦·巴菲特被投资者熟知。巴菲特旗下的伯克希尔·哈撒韦公司在过去的 60 年间，获得了非常可观的投资回报，年投资收益率水平达到 20% 左右。

有人说，年化收益率 20% 左右并不是很厉害。其实，影响投资收益率的关键因素有两个，一个是资金规模，另一个是时间。此外，它还与投资的资产质量、市场环境的变化等有关。

随着资金规模扩大，投资收益率扩大的难度会升高。简单来说，用 1 万元本金去实现 20% 的年收益率，这未必是一件难事。但是，用 100 万元本金去实现 20% 的年收益率，这难度却显著提高。假如本金高达 10 亿元乃至百亿元，要实现 20% 的投资收益率就会是难度极高的挑战。资金规模越大，投资难度越高。

在基金市场中，我们经常会看到某某基金在某一年中取得了可观的投资收益。随着基金管理规模的迅速扩大，明星基金的"光环"也会随之褪色。因此，基金管理规模是基金净值表现

"天敌"的说法经常出现。

因此,巴菲特可以长期将年均投资收益率水平保持在20%左右,这是相当优秀的战绩。

同时,时间对投资收益率的影响也相当显著。

例如,如果用1万元作为本金,按照每年20%的收益率计算,那么10年后的投资复利价值约是本金的6.19倍。如果按照同样的投资收益率,20年后的投资复利价值约是本金的38.3倍。30年后的投资复利价值约是本金的237倍。

由此可见,随着时间的推移,复利的投资回报率是相当惊人的。通过长期的复利投资,巴菲特旗下的伯克希尔·哈撒韦公司的资产管理规模与股票市值获得大幅飙升。

在牛市时,投资者也许会看不起20%的投资收益率。但是,当熊市到来时,不亏损已经是最好的结果了。因此,无论在牛市还是熊市,长期保持10%~20%的投资收益率是相当厉害的。

获取可观的投资复利并不容易

实现可观的投资复利离不开三大要素,时间、资金规模以及收益率水平。

从时间的角度出发,投资者需要准备好一笔可长期闲置的资金,闲置时间至少在5年以上。假如时间太短,投资复利的效果很难被发挥出来。

然而,投资者准备一笔闲置时间长达5年以上的资金,是非常考验普通家庭的现金管理能力的。假如家庭拥有稳定的收入来源，那么储蓄一笔这样的资金的难度不会很大；如果家庭经济条件一般，那么储蓄这笔资金的难度就会很大。

从资金规模的角度出发，投资复利的效果要得到充分发挥，资金规模一定不能太小。资金规模越大，未来可以享受到投资复利的成果就越丰厚。

再从收益率的角度分析，如何通过资产配置做到较高的投资收益率水平，这是非常艰难的。普通投资者可以借助专业机构、专业人士的力量实现资产保值增值。专业型投资者可以依靠个人的专业资产搭配能力来实现资产增值的目标。

但是，要实现 5% 以上的投资收益率，投资者恐怕需要增配更多的风险资产，这就非常考验投资者的风险承受能力了。

因此，在无风险利率持续走低的背景下，要实现 5% 以上的投资收益率，难度并不小。要实现 10% 以上的投资收益率，除了需要市场环境的配合外，投资者还需要专业的资产配置能力和一些胆量。如果投资风格过于保守，实现较高的资产增值也是很难的。

怎样最大限度地提升复利效果？

巴菲特的财富得益于他的专业与坚持，更得益于复利投资。正如上文所述，投资复利的效果取决于时间、资金规模以及收益率水平。在资金规模与收益率相近的前提下，影响不同投资者的投资复利的就是时间的长短了。

巴菲特可以把投资复利的效果发挥到极致，很大程度上得益于他的长期投资策略。据了解，巴菲特的大部分财富，都是在50岁之后获得的。巴菲特的投资态度有很多值得投资者借鉴的地方。

例如，绝大多数投资者都希望一夜暴富，但巴菲特认为，通过长期投资慢慢变富可能是最好的结果。

你是希望一夜暴富，还是慢慢变富呢？大多数投资者会选择前者，因为这样可以节省大量的等待时间，而且他们可以提前享受到财务自由的快乐。但是，世界上没有这么简单的事情，一夜暴富的发生的概率是罕见的。

如果有人告诉你，通过投资某个投资组合可以获取可观的投资回报。但是前提条件是你需要持股10年。换言之，只要你可以坚持持有10年，那么你就有机会实现财务自由。

这个时间对普通投资者来说是一个漫长的等待。很多投资者虽然知道这笔投资的胜率比较高，但最终坚持下来的估计还是极少数人。很少有人可以忍受长期的孤独与寂寞。

"长期投资、慢慢变富"，这个听起来很简单的投资方法，在实际操作中却非常考验一个投资者的心态。股票投资本质上是投资心态的博弈。与其说巴菲特的资产配置能力很强，倒不如说巴菲特的投资心态非常坚定，这显然不是一般人可以做到的事情。

影响投资心态的核心因素

巴菲特的投资心态并非是普通投资者可以复制模仿的。

虽然我们未必能达到巴菲特的投资境界，但若要提升投资心态一些办法还是非常有效的。我们不妨看一个例子。

A先生与B先生都看好某一家上市公司，并认为这只股票的投资前景非常广阔，长期持有的投资回报会非常可观。

此时，A先生持股成本为10元，B先生的持股成本为3元。B先生的持股成本明显低于A先生。

假如这家上市公司股票的价格为11元，那么A先生与B先生之间的投资心态也会存在明显的差异。

其中，A先生的持股成本非常接近现价，一旦股票价格跌破了他的持股成本，A先生可能会表现出明显的焦虑。但是，因为B先生的持股成本足够低，所以当这家上市公司的股票价格跌破了A先生的持股成本，也未必会给B先生造成压力。因为，即使股票价格在现价基础上下跌50%，B先生依然有足够的投资利润，因此他的投资心态会明显平稳很多。

通过这个例子我们可以了解到，持股成本的高低将会直接影响着投资者的投资心态。换言之，只要投资者的持股成本远低于市场价格，那么他就可以具备更好的投资心态，并一直持有下去，尽情享受长期投资的复利成果。

在影响一笔投资的复利率水平方面，时间与成本都很重要。假如投资者的持股成本足够低，而且他有足够的耐心参与长期投资，那么在长期投资过程中，投资者就有望获得可观的投资复利。

第五节　面对面值退市，低价股还香吗

在A股市场中，很多投资者热衷于低价股投资逻辑。不少投资者认为低价股的投资风险更低，更容易把握。多年来，很多投资者在低价股投资上取得了一些成绩，并且对这种投资方式越来越痴迷。那么在全面注册制的环境下，低价股投资还吃香吗？

在全面注册制的背景下，投资者需要注意面值退市的影响。假如对面值退市的规则不熟悉，投资者很容易陷入低价股投资陷阱之中，投资损失还可能十分巨大。

根据A股市场的最新交易规则，当上市公司连续20个交易日收盘价跌破每股面值，面值退市的条件就会被触发。

与港股市场相比，A股市场的绝大多数的上市公司面值为1元。换言之，如果上市公司在20个交易日内收盘价持续跌破了1元面值，那么该公司将会面临退市的风险。所以，在面值退市规则的影响下，投资者需要非常了解交易规则，过去盲目投资低价股的策略也要做出相应的调整。

根据2023年5月的数据，在A股市场上十多家上市公司出现收盘价格持续低于1元的现象，且房地产股票占主体部分，这意味着触发面值退市条件的上市公司数量在显著增加。

如果股市是经济晴雨表，那么上市公司股票价格就是公司经营状况的先行指标。通过分析过去退市的上市公司，我们会发现，在股票价格阴跌不止的背后，企业自身的基本面变差、赢利能力恶化也是触发退市的重要原因。

自 2023 年以来，多家房地产上市公司出现了股价与利润齐跌的迹象，并触发了面值退市的条件。这表明房地产市场的大环境正发生明显的变化，房企赚钱不容易了、杠杆拿地的成本显著提高，躺着赚钱的模式已经一去不复返了。

通过对历年来触发面值退市条件的上市公司进行分析，投资者从中可以得到不少启示。

股票价格的波动是上市公司经营状况的晴雨表。当某个行业中一批上市公司股价阴跌不止，甚至批量触发面值退市时，这就表明这个行业的发展比较艰难，已经步入夕阳阶段了。

在全面注册制的背景下，市场的自我调节能力会逐步增强，股票价格的走势在很大程度上将会受到市场化的影响。如果上市公司的基本面持续向好、盈利能力具有较好的增长预期，那么市场资金就愿意给予其更高的估值。相反，如果上市公司的经营能力不佳，或者面临基本面恶化的风险，那么市场资金也会"用脚投票"，股票价格就避免不了阴跌不止的趋势。

由此可见，市场具有自我调节的能力。假如上市公司的基本面与经营状况经得起市场的考验，那么股票价格低迷有可能与流动性不足的市场大环境有关，被错杀的股票依然会存在价格修复的可能，市场自我调节的能力不容低估。

退市率或显著提升，投资者该注意些什么？

随着 A 股市场退市规则的不断完善，特别是全面注册制加快推进，未来触发面值退市条件的上市公司数量或明显增加。

过去，A股市场退市率低的现象，导致其上市率与退市率长期发展失衡的局面。不过，这种市场现象有望逐步得到改善。但随着A股退市率的提高，投资者将面临严峻的考验。

首先，长期依赖低价股投资赢利的投资者，必须及时改变投资思路，避免落入面值退市的陷阱。

在实际操作中，投资者不能只关注股票价格，还需要关注上市公司的基本面与盈利能力。如果基本面出现实质性的恶化，且上市公司本身已经"披星戴帽"，那么对这类股票还是回避为好。

某些投资者认为，部分低价股很可能会存在"乌鸦变凤凰"的机会。一旦上市公司成功引入战略投资者，那么该公司股票价格很可能会出现华丽大转身，这也将给大胆抄底的投资者带来不错的投资回报。

在过去核准制的环境下，低价股也许会发生"乌鸦变凤凰"的转型。但是，绝大部分基本面较差的上市公司要实现这种转型，难度是比较大的，即使重组停牌的现象出现，调整过程也需要等待漫长的时间，变数还是不少。

在全面注册制的背景下，壳资源变得不值钱了。企业与其借壳上市，还不如直接注册上市，还可以节省不少中间环节的交易费用与时间成本。

再者，除低价股外，在面值退市时，投资者也需要提防可转债的投资风险。

可转债具备了股性与债性的双重特征，本来应该更具有投资吸引力。但是，随着市场规则的变化，可转债也不再是安全的投资品种了。

举个例子，2023年5月，*ST搜特锁定了面值退市，股票价格一路向下。在正股难逃面值退市的压力下，搜特转债也从发行面值附近大幅下跌，并跌至了每张20元以下的水平。假如*ST搜特可以持续正常经营，且不触发退市的条件，那么依据公开的资料，搜特转债的到期日为2026年3月12日，且每年采取付息1次的措施。依照搜特转债的到期赎回价格，它的赎回价位是112元，若按照2023年5月底每张20元的价格计算，到期收益是相当可观的，而且期间的付息收益也要计算在内。

但是，当正股触发面值退市的条件时，搜特转债的投资逻辑也会发生显著变化，可转债会面临提前退市的风险。所以，低于发行面值的可转债并不是都具有投资价值，投资者仍需要观察可转债发行主体的评级水平、基本面与盈利状况。

此外，在退市潮下，上市公司流动性对股价的影响比估值对股价的影响更重要。

不少投资者在选择一家上市公司前，要对该公司基本面做全面了解，估值越低的上市公司的投资风险会比较低。在实际操作中，这个投资逻辑的优势更多体现在牛市与震荡市的环境里。反之，在熊市中，估值对股票价格的影响反而容易被弱化，因为市场此时很容易放大利空的影响，并缩小利好的影响。

当市场处于熊市中时，流动性对股票价格的影响往往要比估值或者基本面对股价的影响更大。在港股市场中，流动性危机的说法经常出现。

在流动性枯竭的背景下，市场往往会放大利空的影响，只要上市公司的基本面发生些微的变化，流动性危机的风险就很容易被触发，随后股票价格会发生非理性波动。投资者应该尽可能地选择流动性充裕的上市公司来有效降低风险。

面对面值退市，低价股还有投资价值吗？

在全面注册制与面值退市规则的影响下，低价股的未来走势将会发生明显的分化，虽然投资低价股的难度会增加，但这并不意味着低价股已经不具有投资价值了。

如何判断出低价股的投资价值？投资者不妨从以下几方面进行分析与判断。

例如，股价临近1元的上市公司，可能会面临面值退市的风险。但是，投资者也需要区分出哪些上市公司具备自救的能力。在实际操作中，投资者需要关注该公司的背景实力、财务状况，以及行业发展状况等。

从背景实力分析，国资背景的上市公司自救能力会更强。虽然上市公司股票面临退市的风险，但凭借较强的股东背景，上市公司有机会引入有实力的战略投资者或者依靠大股东增持等行为，可以达到稳定股价的效果。

从财务状况分析，上市公司的财务实力，尤其是自由现金流的状况，将会直接影响上市公司的发展命运。假如上市公司的财务状况比较稳定、现金流比较充裕，那么该公司的股价下跌，可能属于一种市场的"错杀"行为，未来股价出现修复反弹的概率比较高。

再从行业发展状况分析，绝大多数的上市公司都离不开行业发展的影响。在行业低迷的背景下，只有少数优质企业可以逆势增长，大多数企业是无法摆脱行业发展状况束缚的。

大多数的低价股尤其是超低价股，需要做好稳定上市公司股票价格的准备，否则当面值退市的条件被触发后，上市地位将会受到严重冲击，未来公司要重新上市的难度就更大了。

投资者在做投资之前必须充分了解市场的游戏规则，并且要熟悉股票市场的交易制度。熟悉规则是投资避雷的重要一步。展望未来，低价股投资策略并非不可采用，关键还是投资者要综合分析低价股上市公司的基本面、财务实力，以及流动性状况，这些因素缺一不可。总之，每多增加一项分析判断，投资胜算将会多提升一分。

第四章

股市交易陷阱

第一节　高股息率的投资陷阱

股息率是价值投资者比较重视的分析指标。股息率高低直接影响着股东投资的回报预期，并起到衡量企业投资价值的作用。

一般来说，股息率是上市公司的股息与股票价格之间的比率。

前者是公司在提取公积金、公益金后的税后利润中根据股息率派发给股东的收益；后者则取决于股票价格的波动。在股息固定的前提下，上市公司股票价格越低，股息率越高。反之，股息率越低。

举个例子，某上市公司计划派发股息，过去 3 年的股息均为每 10 股派发 5 元，即每股派发 0.5 元。如果当前股票价格为 50 元，对应的股息率为 1%。在股息固定的前提下，如果上市公司的股票价格下跌至 40 元，那么对应的股息率为 1.25%。也就是说，在股息红利固定的基础上，股票价格越低，相应的股息率越高。

上市公司股息分配方式主要有以下几种。

第一种方式是派息。派息也称现金股利，也就是以现金的形式向股东发放股利。

第二种方式是送股。送股也称股票股利,这意味着上市公司将未分配利润以股票形式发放给上市公司股东。

第三种方式是转增股本。也就是上市公司将资本公积转化为股本,但这种方式只是增加了股本规模,却并未改变股东的实际权益。

需要注意的是,前两种分配方式要牵涉股息红利税的问题。转增股本的分配方式是不受股息红利税的影响的。

股息红利税主要是对上市公司的分红征税,旨在鼓励长期持股。持股时间超过一年的投资者,可以享受免征股息红利税的优惠。

在实际情况下,股息红利税属于个人所得税范畴。分别设置了 0%、10% 和 20% 三档税率。

在具体操作中,持股时间在 1 个月及以内的投资者,需要承担 20% 的股息红利税。持股时间在 1 个月以上,1 年及以下的投资者,承担 10% 的股息红利税。持股时间超过 1 年的投资者,则享受股息红利税免征的优惠。

由此可见,短期频繁换股的投资者,需要承担的交易成本更高。股息红利税的征收,意在鼓励长期持股,降低投资者频繁交易。

价值投资者对股息率非常重视。他们更青睐持续派发现金分红的"现金奶牛"上市公司。股息率越高对投资者的吸引力就越大。

上市公司的股息率是否合理，往往要与同期的 CPI 数据、三年期定期存款利率，以及大额存单利率等指标进行对比。一般来说，比以上三种指标都要高的股息率是具有投资吸引力的。假如股息率太低，价值投资者的投资意愿就会大打折扣了。

股息率越高，是否意味着投资回报率越大？

银行、保险、钢铁、房地产、煤炭、高速公路、公用事业等行业，往往属于 A 股市场上的高股息率行业。不过，股息率越高，并不意味着上市公司的投资回报率越大。原因主要有以下几点。

第一个原因，上市公司的投资回报率不完全取决于股息率，还会受到股票价格波动的影响。在牛市中市场资金推动股价上涨，这种上涨带来的投资回报率远远高于股息率。与之相反，在熊市中股价下跌速度会远超股息率水平。

第二个原因，投资者选择高股息率的股票，应该注重长远，因为短期频繁交易的成本会很高。

第三个原因，投资者需要关注上市公司高股息率的持续性。部分上市公司往往会让投资者产生一定的投资误区。投资者不能只看 1 年的收益，如果该公司 3 年都实施高股息的分红策略，这表明该股票值得投资，且持续时间越长，有效性越高。

第四个原因，投资者不仅要关注上市公司高股息率，更要留意上市公司基本面、盈利能力，以及整个行业的发展前景等指标的健康状况。

怎样选择合格的高股息企业？

成为一家值得被投资的高股息上市公司应该具备哪些条件？价值投资者认为，有如下几点。

第一，高股息率的上市公司应该具备非常强大的基本面优势。如果上市公司没有强大的基本面来支撑，现金分红能力是很难得到保障的。参考A股、港股市场能分配高股息的上市公司，以基本面扎实、实力雄厚的上市公司为主。部分实力不足的上市公司派发高股息分红的能力往往不可持续。

第二，上市公司的品牌口碑较好，财务实力较强，现金流比较充沛。具备上述条件的上市公司，财务造假的概率极低，基本面也过关，更有实力派发高股息。

第三，值得投资的高股息企业，还应该是具备良好的市场流动性，且受到实力雄厚的机构投资者长期跟踪关注的上市公司。再好的上市公司，也需要大资金的推动。大资金、大机构的持续投资可以被视为一种价值投资的参考信号。

第四，高股息股票也需要具备合理的估值水平。高股息的股票不仅要具有持续性的股息红利派发，还要有合理的估值水平。股息率再高，如果股票估值不便宜，股票投资价值也会大打折扣。如果估值合理，再结合高股息的优势，那么上市公司的投资价值也会大幅提高。

投资高股息股票，应该更注重长远价值

举个例子，陈先生买入了一家高股息的上市公司的股票，且

买入时股票估值比较合理。

假设陈先生的买入价格是 10 元/股，当年的股息红利是每 10 股派发 10 元，这意味着该股票的股息率达到 10%。如果陈先生长期持有该股票，经过一轮 10 派 10 的分配后，陈先生的持股成本降低至 9 元/股。到了第二年，该公司继续采取每 10 股派发 10 元的策略，那么此时陈先生所获得的股息率就达到了 11.11%。

换言之，如果上市公司在未来很长一段时间里坚持派发高分红的策略，那么陈先生的持股成本会越来越低，他所获得的股息率也会不断提高，这也是长期持有高股息股票的投资魅力。

如果陈先生没有选择长期持股的策略，而是采取了短期交易的策略。那么，在获得股息红利后，持股时间没有超过一个月，陈先生将会承担 20% 的股息红利税。持股时间在一个月以上、一年以下，他则承担 10% 的股息红利税。只有持股时间超过一年，陈先生才可以获得免征股息红利税的优惠。

高股息股票的投资者不能抱有短线思维，否则他会承担较高的税负成本，这就得不偿失了。

从长期看，在合理估值或者合理偏低估值的区间内投资高股息的股票，投资获利的概率是比较高的。

选择高成长还是高股息？

一般来说，一家上市公司很难同时兼顾高成长与高股息。这是因为企业为了实现快速成长，抓住市场机会，更愿意把资金用作扩产，在顺周期时将企业做大做强。

当上市公司的发展放缓，步入成熟阶段时，为了留住长线资金，上市公司会用高股息率来吸引投资者，通过高息分红抵消掉企业成长不足的劣势。

那么，在高成长与高股息之间，投资者该如何选择呢？这主要取决于投资者的风险偏好。

例如，积极型投资者的风险承受能力较强，他们更适合投资高成长型企业。

保守型投资者的风险承受能力较弱，他们应该选择高股息的股票。

投资高成长企业主要要看企业的持续盈利能力，赢利的增速能力直接影响着市场对成长股的估值。一旦高成长优势开始减弱，市场会降低估值水平，这说明市场资金的嗅觉还是比较敏感的。

投资高股息企业，则主要看上市公司股息分红的态度。如果在过去几年中上市公司一直保持8%以上的股息率，但现在上市公司的股息率却降低至5%以下，甚至不再派发现金分红，那么上市公司对投资者的吸引力将会大大降低。高股息企业的投资价值更多是靠企业持续分红的能力拉动的。

一般来说，衡量一家上市公司的股息率水平是否合适，投资者可以参考当期银行3年期定存利率、3年期大额存款利率等。如果上市公司的股息率高于上述的利率水平，那么该公司股票投资性价比是比较高的。相比起单纯的高成长股与单纯的高股息股票,这类兼具稳健业绩增长能力与稳健股息分红能力的"白马股"上市公司,往往更容易受到机构投资者的青睐,这类上市公司也被称为股票市场中的优质资产。

投资,是一件不容易的事情。长期投资,不仅要考验投资者的投资耐心,还要考验投资者分析判断上市公司财务状况与综合实力的能力。投资高股息股票,也未必就绝对赚钱,投资者的买入估值区间、持股时间,以及上市公司经营状况等都会对回报构成影响。

第二节　警惕低估值陷阱

投资者可以从多个维度来判断一家上市公司的投资价值。例如,投资者在选择传统"蓝筹股""白马股"的时候,主要使用市盈率、市净率,以及净资产收益率等指标。投资者在选择公用事业或者零售业股的时候,很可能会使用市销率等指标。此外,投资者在选择正处于成长阶段的企业时则可能用到PEG指标,也就是市盈率与盈利增长速度的比率。

由此可见,分析不同行业和发展阶段的上市公司,投资者往往会选择不一样的估值判断方式,而不是固定选择某个指标。一般来说,综合分析多个估值指标可以提高投资有效性,同时降低误判的风险。

市盈率是传统的价值投资者非常重视的指标。不少投资者认为,上市公司的市盈率越低,投资安全性越高。但是,这类投资者往往容易踩中一些价值投资的陷阱。例如，低估值陷阱。

在港股市场中，低估值陷阱经常出现。这种市场现象的出现主要有以下几种原因。

第一种，某家上市公司只在某一年出现了业绩暴涨的迹象，随后股票估值的大幅下降。这种情况既可能是由于投资收益所带来的一次性收入上涨，也可能是由于政府补贴等收入促使上市公司的业绩水平增厚，并导致了上市公司的估值骤降。

第二种，某上市公司的低估值与同行业的估值有着一定的联动性。例如，市场给予银行、房地产行业极低的估值，这可能与政策变动有关，也可能与市场对未来行业发展前景的预期不确定有关。如果市场资金预期公司未来业绩增长有限，市场给予的估值就会更保守。如果市场资金预期公司未来业绩增长较高，那么市场就会给予更积极的估值。

第三种，低估值与整个市场的生态环境有关。例如，在港股市场中，流动性不足的问题经常出现。市场流动性的松紧，很可能与整个市场的赚钱效应和投资活力有关。换言之，当市场步入震荡或者熊市阶段时，股票市场很可能会深陷在流动性不足的困境中。而这种困境又导致股票市场失去投资活力，低估值陷阱的问题也就随之频繁发生。

第四种，部分周期属性非常强的行业，在某一个特别赚钱的时期很可能会出现极低估值的状况。例如，在2022年末、2023年初，受益于油价的持续高企，一批海内外石油股的估值极低，甚至触及了历史估值最低点。但是，考虑到石油价格的周期属性，仅依靠市盈率指标，投资者往往会对投资风险形成误判。对低估值的情况，我们还是需要具体问题具体分析。某一年的业绩暴涨或极低估值，不属于低估值陷阱的范畴。

如何远离低估值陷阱？

当股票市场中处于熊市或者震荡市环境时，低估值陷阱时常发生。在实际操作中，投资者远离低估值投资陷阱，还是有应对办法的。

判断某家上市公司的投资价值，投资者不应该只分析某一技术指标或者基本面指标。根据不同的行业地位和企业发展阶段，投资者应使用合适的分析工具。

例如，某上市公司具备了稳健成长、稳健分红的特征，而且基本面比较扎实，该公司股票可被视为"白马股"。

投资者可以使用市盈率、市净率，以及股息率指标对其进行分析。对此，我们需要找出这家上市公司对应的行业板块，并将上述指标与同行业指标进行分析对比，判断出该公司的综合指标在行业中所处的排名位置。

除了与同行业同类型上市公司对比外，投资者还可以将上市公司当期市盈率、市净率与该公司的历史数据进行比较。假如该公司的综合指标处于历史估值分位值30%以下的水平，那么这只股票基本上具备了投资价值，或者说具有较高的投资安全性。

参考港股市场的情况，要远离低估值陷阱的投资风险，投资者还需要关注上市公司的流动性水平。

一般来说，拥有流动性优势的上市公司的股票，在价格发现方面具有一定的优势。良好流动性是为上市公司制定合理价格的重要前提条件。

判断某家上市公司是否具备良好的流动性优势，一方面投资者需要看过去1个月或者3个月的日均成交量变化。股票日均成交量是否处于活跃运行的状态，或者是否比同行业上市公司的日均成交量更高。另一方面投资者可以对全部上市公司的日均成交额进行分析。排在前100名的上市公司，往往具有良好的流动性优势，排名在整个市场的中后位置的，很可能存在流动性不足的问题。

除了参考上市公司的估值水平、流动性强弱等指标外，投资者还需要观察上市公司的品牌影响力与号召力。在公司发展过程中，产品的占有率、竞争力等都是值得持续观察的指标。通过对多项指标的综合分析，投资者大概率可以排除掉存在低估值陷阱的上市公司股票。

哪些公司更值得投资？

投资者要在A股市场的5000多家上市公司中，寻找到几家值得投资的公司，确实具有一定的筛选难度。在A股市场的历史上，走出长期牛市的股票并不多，通常这些上市公司具备了一些共同的特征。

特征一：属于行业领军企业，且具备很强的基本面优势。

纵观A股、港股市场的长期牛股，它们普遍具备了很强的基本面优势。在所属的行业中，这类上市公司的龙头地位非常稳固，其品牌具有很强的影响力和号召力。

特征二：抗风险能力足够强，在每一轮市场调整后股票行情都会迅速回暖。

这类能走出长期牛市的上市公司，最能够展现出自身投资魅力的时刻，往往是在市场大幅调整之后。这种上市公司可以经得起多轮的市场考验。例如，经济危机的考验、企业品牌舆论风波的考验等。这类企业本身具备很强的抗风险能力，在危机后的自我修复能力也非常强，其股票价格也会迅速展现出回暖的迹象。

特征三：具备长期稳健的盈利增速能力、优秀的企业文化，以及良好的商业模式。

在A股、港股市场上的长期牛股大多是优秀的"白马股"。从长期的股价走势分析，上市公司的股价大幅上涨，相应的估值却逐渐下降，这恰恰反映出上市公司的盈利能力长期稳健，足以支撑上市公司股价的长期上行。

此外，优秀的企业文化和良好的商业模式也是非常重要的。假如没有这两者的支撑，上市公司长期稳健增长的能力是很难得到保障的。不少企业过度关注眼前的利益，缺乏对长远的考虑。具有优秀企业文化与良好商业模式的上市公司，在经营过程中考虑问题会更周全且长远，更注重吸引优秀人才助力企业发展。

特征四：非常注重股东的利益。

股价长期走牛的上市公司对现金分红、股份回购等环节是非常重视的。多年来,这类上市公司保持着稳健的分红能力,并通过各种方式回馈股东。

例如,上市公司可以通过持续增加现金分红的手段,来提高上市公司的股息率。又如,上市公司可以通过股份回购注销的手段,来提升上市公司的股票价值水平。长期走牛的上市公司是非常注重股东的利益的,只有公司的发展方向与股东利益一致,股票才能够实现最大的价值。

除了低估值陷阱外,A股投资陷阱有哪些?

低估值陷阱,常见于长期处于低估值的行业板块,而且多在部分估值很低且处于盈利增长停滞状态的上市公司上显现。不过,与A股市场相比,低估值陷阱更多出现在港股市场中,并不是所有低估值的股票都具有足够的投资安全性。

企业基本面分析对股票投资来说固然重要,但它并不能完全决定股票价格的走势。在不同的市场环境下,投资者还需要考虑股票流动性、股票分红能力等因素。例如,在港股市场中,一部分"僵尸股"长期存在,这与流动性长期不足密切相关。缺乏持续活跃的流动性支持,上市公司的估值定价能力将受到影响,价格发现功能也会大打折扣。

然而A股市场在流动性方面具有一定的优势。随着全面注册制的实施,未来A股市场也许更倾向于结构性的行情。即未来市场很难上演齐涨齐跌的走势,市场资金可能仅向部分股票集中,其他股票可能陷入长期流动性不足的困境,未来A股市场可能会上演类似于港股市场的运行趋势。

除低估值陷阱外，A股投资陷阱还包括限售股大额解禁、股权质押比例过高、商誉比重过大、低价股投资等陷阱。

以低价股投资陷阱为例，不少投资者认为股票价格越低，其潜在的投资风险越小。其实，这是一个很大的投资误区，即投资者忽略了两个因素。一个因素是上市公司股价与其本身价值密切关联。有的股票价格上百元，对应估值不足20倍。有的股票价格低于2元，对应估值却高达上百倍，显然前者比后者的投资价值更高，价格高低不是判断股票投资价值的主要影响因素。另一个因素是投资者忽略了面值退市的风险。

根据面值退市的规则，上市公司的股价因在连续20个交易日不足1元而触及退市的风险。因此，对低价股来说，股价越低并非意味着投资风险越小，特别是对股价不足1元的股票。

值得注意的是，A股市场还没有合股的规则，与港股美股市场不同，A股市场还不允许合股的操作方式，即通过合股上市公司股票价格被拉回面值之上。因此，低价股上市公司需要时刻做好稳定股票价格的准备，否则就有退市风险。

低估值陷阱只是股票投资的投资风险之一。在实际操作中，投资者可能会面临更多的风险考验，稍有不慎就可能踩雷，造成持股收益的大幅缩水。因此，投资者应该充分了解A股市场的投资规则，从而规避不必要的投资风险。

第三节 千万别误用杠杆工具

杠杆工具如同一把双刃剑，在市场行情向好的时候，会给投资者带来利润加持。但是，在市场行情不佳的时候，投资者任性使用高杠杆工具会导致亏损加大，甚至是本金的损失。

谈到杠杆工具，经历过2015年那一轮杠杆牛市的投资者，应该会有很深刻的印象。

回顾当时的市场行情，杠杆牛市的启动时间是在2014年下半年，当时正是沪港通开通的时间点，同时也处于场内和场外杠杆工具逐渐活跃的阶段。到了2015年3月，A股市场的杠杆工具已经相当活跃，当时的场外配资规模迅速飙升，隐藏的资金杠杆率非常高。

场内融资与场外配资的配合，成了当年杠杆牛市的导火索。

与场内融资相比，场外配资对股票市场的撬动影响更加明显。而且场外配资具有杠杆率高、合规性差等特征，很多民间配资业务处于监管灰色地带，缺乏风控监管无法与"两融"业务进行对比。

据统计，当时的民间配资公司在全国约有1万家，平均规模在1亿~1.5亿元。伞形信托+单一信托的资金规模在7000亿~8000亿元。还有互联网+P2P配资方式等。整个场外配资市场的规模在1.7万亿~2万亿元。

一轮轰轰烈烈的"杠杆牛市"之后，股票市场很快步入加速"去杠杆化"的阶段。以2015年6月为市场拐点，A股市场走出了一轮加速"去杠杆化""去泡沫化"的行情。在此期间，增量场外配资与存量场外配资均遭到了清理。

A股市场的资金杠杆率显著降低，但在"去杠杆化"的过程中，市场行情出现了单边大幅下行的走势，这也是在杠杆牛市非理性上涨后的市场代价。

杠杆工具并不适合多数投资者

不少投资者认为，杠杆工具是迅速致富的有效投资工具。

不可否认，在牛市中，投资者的投资胆量与投资资金规模是投资者之间相互比拼的对象。

但是，在实际情况下，不论牛市上涨行情的规模有多大，股票市场还是离不开"七亏二平一盈"的规律。

大多数普通投资者并不适合使用杠杆工具。误用杠杆工具，投资者很可能要承担更高的风险，付出更高的代价。

"七亏二平一盈"是多年来股票市场的主要运行特征。为什么会出现这种市场现象？这是由于大多数投资者始终走不出自己的"贪念"，把握不好投资心态，最终还得乖乖把投资利润还给市场。

L先生是一位普通的白领，年收入不到10万元。L先生平时是一位比较激进的投资者，虽然他的收入不算很高，但通过长期努力，积累了一笔可观的存款。2014年下半年，L先生看到了A股市场的投资机会，把自己辛苦存下来的50万元全部投进了股市。

随后他发现资金投入还不够多，于是他开通了融资融券业务，并利用场内融资工具为自己的资金加杠杆。

在那年的杠杆牛市中，L先生凭借自己的胆识与运气赚取了数倍的利润，总资产达到了两三百万元。再后来，他感觉市场行情不太妙，在牛市终结之前抛出了股票，实现了财务自由。

由此可见，在上涨行情中，适度加杠杆是财富增值的催化剂。用好杠杆工具，投资者就能少走一些弯路。

但是，并不是所有投资者都可以像L先生那样幸运。

与L先生相比，Z先生的投资嗅觉没有那么灵敏。Z先生从2015年5月开始投资股市，刚开始尝到了甜头，Z先生的胆量也开始变得大了起来。

到6月初，Z先生利用场外配资工具将投资资金的规模增加了数倍。到了6月中旬，市场行情突变，Z先生却没能采取措施及时止损，也没有及时降低资金杠杆率。

随着股市行情的非理性下跌，Z先生的投资利润在短短几天内全部亏完，本金的安全也受到波及。Z先生并不相信市场会加速下跌，反而采取了不断补仓的策略，最终Z先生触碰平仓风险，资产增值未成，还倒赔了大量的本金。

很显然，这是逆势加杠杆的代价。如果投资者没有判断市场运行趋势的能力，盲目加杠杆只会承受惨痛的教训。在实际操作中，大多数的投资者还是要理性投资，慎用资金杠杆工具。

幻想"一夜暴富"的人，最容易吃亏

股票市场是非常残酷的，多年来大量的投资者幻想着"一夜暴富"，但是真正从股票市场中赚到钱的人却并不多，股票市场长期存在着"七亏二平一盈"的现象。

为什么会长期出现这种市场现象呢？总结下来，这大概与几方面的原因有关。

首先，大多数人的投资心态都是在市场中"赚快钱"，很少有人愿意慢慢变富。

其次，市场中长期存在着信息不对称、持股成本不对称等问题，这些现象也加剧了"七亏二平一盈"这种收益分化的现象。

与机构投资者相比，普通投资者在持股成本、资金规模，以及信息获取等方面比较吃亏。这是因为个人投资者无法拥有机构投资者的调研能力，也没有专业的信息获取渠道，更没有机构化运作的资金规模。

再次，普遍投资者的持股周期比较短，他们容易采取频繁换股、高频交易等策略，投资者最后不但没能在股票市场中获利，反倒是在为证券公司打工。

频繁换股与高频交易的原因，则是与投资者"一夜暴富"的投资心态有关。在实际操作中，只有真正意义上的短线交易高手，才可以通过高频交易或频繁换股实现投资利润。但对大多数普通投资者来说，这种投资行为只会导致投资成本的增加。遇到上市公司股息分红，投资者更是要承受高昂的股息红利税。

最后，大多数投资者在投资的过程中总是三心二意，手握精心研究的股票，却想着其他股票。这种心态导致投资者持股过度分散，或者持股时间过短，投资回报大打折扣。

在合理的估值水平下，长期跟踪持有自己熟悉的股票，坚持下来往往会有意想不到的收获。

你真的适合使用杠杆吗？

建议大多数投资者慎用杠杆工具。在实际操作中，杠杆工具就是一把双刃剑，利用得好会促进财富快速增长，利用不好会导致个人财富迅速缩水。遇到极端的市场环境，任性使用杠杆工具会威胁到本金安全，投资风险会被迅速放大。

那么，什么样的人适合使用杠杆工具呢？笔者认为有以下几类。

第一类，拥有足够强大的投资心态，可以承受资产大幅缩水的风险。

第二类，非常熟悉杠杆工具的游戏规则，并且拥有多年的模拟投资经验和实战投资经验。

第三类，拥有完善成熟的风险控制能力，当市场趋势发生改变时，可以迅速采取相应的止损措施，长期重视本金的安全性。

同时，什么样的人不适合使用杠杆工具呢？

第一类，风险承受能力比较弱，发生亏损时就会感到不安的投资者。

第二类，没有严格的投资纪律，性格比较执着，在市场趋势发生恶化时也不懂得及时止损的投资者。

第三类，总是幻想着"一夜暴富"，但处于"亏多盈少"的状态，过于浮躁、贪婪的投资者。

虽然杠杆工具在上涨行情时看起来是比较吸引人的，但多年来真正通过它实现利润大涨的人还是少数。很多不熟悉规则、贪欲过强的投资者更容易在杠杆工具上吃大亏，潜在的投资风险不容忽视。因此，建议大多数投资者远离杠杆工具。

第四节　如何识别财务造假

在股票市场中，投资者对财务造假的现象并不陌生，而且对此是深恶痛绝。

什么是财务造假？从广义的角度分析，没有按照"会计准则"做账的就可称为做假。上市公司造假的方式比较多样化，造假手段也是越来越高明。控制成本、虚增利润、隐性关联方交易操控利润等，都是财务造假的表现形式。

为什么有的上市公司会热衷于财务造假呢？原因无外乎如下几个。

首先，上市公司为了达到提高股票市值的目的。有的上市公司的营业收入、利润不达标，但公司又非常想提升自身的影响力或股票市值，于是就铤而走险，利用财务造假的方式增加收入、提高利润。

其次，为了摆脱"披星戴帽"或者退市的风险。有的上市公司经营不善,且财务不佳,已经面临退市的风险。但是,上市公司并不想退出资本市场,想保住企业的上市地位,于是就冒险采取了财务造假的行动。

最后,为了提升大股东或高管的身价。通常来说,通过虚构利润、虚增收入等方式做大公司市值,大股东或高管的身价就可能上涨。

一旦财务造假被揭露出来,上市公司将会承担相应的代价,公司的品牌形象会大打折扣,参与财务造假的责任人与中介机构需要承担相应的赔偿责任乃至法律责任。

在A股市场上,当行情处于牛市时,财务造假现象容易被市场高昂的做多热情所覆盖。在经济下行周期或者股市处于熊市的环境下,财务造假等行为反而容易被暴露出来。

据统计,从2010年至2021年,被查处的舞弊样本公司达到10家以上的行业,包括农林牧渔业以及医药制造业、化工原料和化学制品制造业等。

农林牧渔频繁出现财务造假,这与行业特殊性有一定的关联性。例如,农林牧渔行业在存货数量上并不容易被盘点,存货跌价准备被少计等。

除了农林牧渔行业外,即使是当年市场的"白马股"上市公司,也可能会存在财务造假的问题。例如,当年备受市场关注的康美药业与康得新,当财务造假的问题被揭露之后,这两家上市公司很快跌下神坛。

如何识别财务造假的风险?

在股票交易中,投资者都担心一不小心买入财务造假的公司的股票。要识别财务造假,还是有一些方法的。笔者总结的如下几个方法,供读者参考。

第一种方法,投资者可以观察上市公司近十年来是否被证监会立案调查或是被处罚过。曾经被调查过的上市公司会存在较大的隐患,公司再次发生财务风险或者信息违规等问题的概率并不低。假如上市公司正处于被立案调查的阶段,且证监会尚未出具调查结果或还没有出具行政处罚决定书,那么这个时候投资者应该尽量不要买入该股票,因为上市公司很可能会发生黑天鹅的风险。

第二种方法,如果上市公司的财报数据存在明显异常的地方,投资者要谨慎投资。具体来说,对大存大贷、毛利率显著高于同行均值、实控人长期占用公司资金、存货长期远高于营收,以及隐蔽关联行为频繁发生的这类上市公司,投资者需要格外警惕。一旦上述风险因素暴露,它们很可能成为压垮上市公司的黑天鹅事件。

例如,部分上市公司本身拥有充足的现金,本可以轻松应付偿债压力。假如此时上市公司有一笔或者几笔短期债务到期,因而采取了大举借债的行动,这就要引起投资者的警惕了。如果上市公司直接宣布债务违约,那么其发生财务造假的概率会显著提升。

又如,某上市公司的毛利率极高,且投资者利用普通逻辑难以解释这种超高的毛利率。此时,投资者可以参考上市公司所属的行业板块的毛利率均值水平。假如该上市公司并非行业龙头,而公司的毛利率却远远高于同行业均值水平,此时投资者要高度警惕,这家上市公司很可能存在财务造假的问题。

此外,投资者还可依据上市公司的存货规模、应收账款等数据变化判断出其财务状况。

例如,某上市公司的存货规模始终高于营收水平,且应收账款比例过高,远高出同行业的均值水平,投资者就需要高度重视了。

不过,投资者还要多参考几组财务数据,若多项财务数据同时出现异常的状况,上市公司发生财务造假的概率会更高。

第三种方法,上市公司长期得不到机构投资者的关注,前十大股东列表中的投资者基本上是个人投资者。与此同时,上市公司长期不派发任何现金分红或采取送红股等策略,投资者对这类上市公司还是远离为好。

一般来说,长期派发现金分红的上市公司的财务实力以及现金流能力也较强。如果上市公司长期不分红,那么这说明上市公司的基本面很糟糕或者现金流很差,甚至财务情况暗藏"雷区",只是上市公司隐藏得比较深,还没有被市场揭露出来而已。

第四种方法,中介机构或实控人存在异常,或者上市公司正处于舆论风波之中,投资者对这类上市公司也应该尽量远离。

如果上市公司的中介机构或者实控人传出一些不利的传闻,而且延续时间比较长,公司并没有对此做出正面回应或解释,投资者要尽量回避。

第五种方法，如果上市公司长期保持高质押率，而且其经营状况比较异常，现金流并不是很健康。投资者就要多看少动，警惕上市公司的财务风险。

针对上市公司商誉占比过高的问题，投资者需要观察上市公司的商誉规模占公司收入的具体比例情况。对部分大公司来说，其商誉规模看起来很大，其实占公司收入比例还不到10%，这种水平尚且处于风险可控的状态。

不过，对上市公司的商誉问题，我们目前还没有严格统一的判断标准。商誉过高的风险，主要来自曾经的并购项目未能达到预期的业绩水平，由此引发上市公司大幅计提商誉减值的风险。

在实际情况下，有的上市公司巧妙利用商誉调节财报数据。有的上市公司则一直维持较高的商誉规模，并一直未有采取主动计提减值风险的措施。归根到底，公司何时计提以及是否需要计提商誉减值，还是要看上市公司的并购溢价率水平以及并购后的资产业绩表现情况，主动权还是掌握在自己手中。

有什么办法可以大幅降低"踩雷"风险？

投资者在进入股票市场后第一步要学习的是如何提升个人的风险管理能力，如何从最大程度上降低"踩雷"的风险。在此基础上，投资者再去研究如何赚钱，以及实现资产增值的问题。

面对复杂的财报数据，普通投资者往往很难识别上市公司的财务风险。不过，在实际情况下，一些比较实用简单的办法可以帮助投资者大幅降低"踩雷"的次数。

例如，投资者在选择股票时，应该首选长期稳健分红，且分红力度逐年稳中有升的上市公司。选择这种上市公司的好处是什么呢？

首先，这类上市公司的财务实力与现金状况比较健康。既然上市公司可以做到长期现金分红，这就说明上市公司赚的钱是真金白银，而不是虚构的利润。长期坚持现金分红的上市公司，发生财务造假的概率非常低。

其次，坚持现金分红的上市公司非常注重投资者的投资收益增长，一家注重投资者回报需求的公司的股票价格的长期市场表现往往不会差。

最后，投资者可以通过现金分红提升资金利用率，也可以进行红利再投资，从长期的角度出发，这些都能进一步提升投资复利。

事实上，如果上市公司长期利用自有资金积极采取股份回购注销，那么它的财务风险相对比较可控。

近年来，越来越多的上市公司热衷于股份回购，所采取的操作方式也不太相同。比如，上市公司通过自有资金回购股份，或通过借债方式回购股份，这两者之间还是存在着不少的区别。

在实际操作中，如果上市公司长期使用自有资金进行股份回购，且在回购后将其注销，那么该上市公司的现金状况应该是比较充裕的，这同时反映出上市公司提升自身投资价值的强烈需求，这类公司发生财务风险的可能性不大。

此外，上市公司长期深受海内外机构投资者的关注。在公司的前十大流通股东中知名机构投资者的身影经常出现,该公司股票更是成了养老基金、社保基金的长期重仓股。

与普通投资者相比,机构投资者在调研能力、企业基本面判断等方面都具有优势。假如上市公司受到多家机构青睐,那么该上市公司的财报数据是经得起考验的。

与其他机构投资者相比,养老基金、社保基金在上市公司股票的筛选方面,会显得更加谨慎和理性。因此,养老基金、社保基金的长期重仓股的财报数据往往经得起市场考验,该类公司发生财务风险的可能性比较小。

第五节　A股市场常见的魔咒

在股票市场上,比较资深的投资者可能都听过"股市魔咒"的说法。例如,世界杯魔咒、两桶油魔咒、股基88魔咒、牛短熊长魔咒、招商证券策略会魔咒、五穷六绝七翻身魔咒等。本节内容,笔者侧重介绍一下A股的各种市场魔咒,并谈谈这些市场魔咒是如何出现的,又是如何对股票市场造成影响的。

常见的股市魔咒有哪些?

A股和港股市场上的魔咒比较多,比较常见的有以下几个。

第一,七亏二平一盈魔咒。

在一个较长的时间周期内,10个投资者之中,有7个亏损,2个不亏不赚,只有1个赚钱的说法,已经深深印在投资者的脑海里。

在正式投资股票之前，投资者需要做好能承受亏损的准备。因为，纵观股市历史，A股市场股价波动很频繁，赚钱难度不小，投资者仍要面对"七亏二平一盈"的市场规律。

在牛市行情下，每个股民也许都是股神。在上涨趋势中，投资者顺势而为，多数人会获得投资收益。但是，在下跌趋势中，绝大多数人会蒙受亏损，只有少数人可以做到逆势赢利，能够做到这样的要么是技术高手，要么是掌握了信息优势，要么是运气比较好。

第二，两桶油魔咒。

在中海油上市之前，A股市场上常有两桶油魔咒的说法。"两桶油"指的是A股市场的中国石油与中国石化。

2007年11月，中国石油成功登陆A股市场，但当年中国石油的发行价格比较高，相对港股市场的发行价格和发行市盈率投资该公司股票的溢价空间很大。因为恰好遇上了A股市场的大牛市行情，中国石油在上市开盘首日股价高达48.62元，并成为当时的A股市场上首家市值突破万亿美元的上市公司。

但在随后十多年的时间里，中国石油在A股市场步入了漫漫"熊途"，历史最高市值也从1万亿美元跌至不足1万亿人民币，股票价格与股票市值缩水明显，当年高位追涨中国石油的投资者也被深度套牢。

长期跟踪"两桶油"的投资者会发现一些有趣的市场现象，即当"两桶油"股价出现显著拉升时，市场指数往往将要逐渐步入高位区域,见顶调整的行情随后很快出现。这一现象已经存在了超过 15 年的时间。

究竟是因为"两桶油"所占的市场权重较高,还是因为市场资金对"两桶油"大幅拉升产生了较大的心理恐惧,至今无人能说得清楚这里面的原因。该魔咒在短时间内估计也很难得到消除。

第三,世界杯魔咒。

球迷应该容易理解这一现象。世界杯是全球关注度最高的足球盛事,球迷们会抽出时间看球,甚至到现场为自己喜欢的球队呐喊助威。当大量的球迷将目光转向世界杯比赛而减少对股市的关注时,市场的交易量与活跃度就会受到影响。通常情况下,一旦世界杯开赛,A 股市场走势会比较疲软,大量资金选择暂时退出,世界杯魔咒对股票市场的影响也显著提升。

第四,股基 88 魔咒。

很多老股民对股基 88 魔咒印象非常深刻。即当股票型基金的持仓水平提升至 88% 及以上的水平时,市场到达阶段性高位,步入调整阶段的现象往往出现。

股基 88 魔咒对投资者心理产生了长期的影响。受此影响,相关的规则也发生了明显的变化。例如,2014 年正式实施的《公开募集证券投资基金运作管理办法》明确了股票型基金最低仓位提升至 80%。在此之前,股票型基金普遍采取的是 60% 至 95% 的仓位标准,由此可见,经过规则的调整之后,股票型基金的仓位变动空间显得比较有限,同时这也大大降低了股票型基金调仓对市场的冲击影响。按说,在这之后股基 88 魔咒对股票市场的冲击力会显著降低。

令人不解的是，时隔多年，市场仍然对股基88魔咒心有余悸。归根到底，这个市场魔咒已经在投资者心目中根深蒂固了，而心理因素的变化直接影响着市场的投资情绪。

纵观A股市场的发展历史，一直存在一个有趣的现象，即A股牛市不超过3年，年线阳线不超过3根。A股市场经常会有"牛短熊长"的说法，即A股市场的牛市周期比较短暂，熊市周期比较漫长。

投资者一旦遇上A股牛市，要好好珍惜短暂的上涨周期，实现投资利润的最大化。遇到熊市，投资者不宜过快抄底，需要耐心等待熊市末期或者牛市初期再行动，否则会承受较大的风险和时间成本。

投资者应该如何避开股市魔咒？

投资者进入股票市场，首要的投资目的是实现资产的有效增值。因此，面对股市魔咒，投资者应该想办法避开魔咒，降低资产损失风险。那么，投资者该如何规避风险呢？

首先，投资者应适当了解魔咒上演前后的市场运行规律。

例如，当看到A股年线连续出现3根阳线的时候，投资者需要警惕下一年股市可能下跌调整的风险。因为按照市场的运行规律，三连阳之后股市出现调整的概率比较大，所以投资者不宜追高买入，可以耐心等待市场调整后的抄底机会。

其次，投资者应在市场估值偏低的时候投资布局，不宜在估值偏高的时候采取行动，可以有效避开一些非理性的调整风险。

如果我们在估值偏高的时候投资布局，那么当市场开始步入调整行情时，调整空间可能会比较大。当市场从多头转向空头之后，市场的下跌动能会被大幅度释放，股票的抛售压力会显著提升。高位追涨的投资者将会面临较大的投资损失。在低估值环境进行投资布局，则是一种提升投资安全性的行为。

最后，面对市场魔咒，投资者不宜过度恐慌。在魔咒发生之际，投资者应该理性看待市场的调整行为，关注市场所处的估值位置。换言之，股市魔咒在估值底部附近上演，市场的下跌空间会比较有限，这种下跌现象往往会给投资者带来良好的抄底机会。反之，股市魔咒在估值顶部附近出现，投资者需要警惕资金撤退的风险，高位出现显著的见顶信号，投资者需要及时做好止损的准备。

股市魔咒并不可怕，投资者只需保持理智，并理性分析魔咒发生的原因，以及当时市场所处的估值位置，最后再做出正确的投资决策，把风险降到最低或者寻找到较好的低价建仓时机。

第五章
基金投资秘诀

第一节　跟风明星基金靠谱吗

与投资股票相比，投资基金看重的是对基金经理的严格筛选。主动型基金主要以寻求取得超越市场业绩的表现为目标，被动型基金则不主动寻求超越市场的表现。

主动型基金要获得超越市场的业绩表现，就需要好的基金经理来配置资产。这对基金经理的资产配置能力、风险管理能力提出了更加严格的要求。

在基金市场上，如何选择好的基金经理，是投资者最关心的问题。好的基金经理并不是在某一年拥有良好的业绩表现，而是需要在长期取得持续超越市场同期走势的业绩。

普通投资者不太容易识别出好的基金经理。在实际情况下，投资者更看重基金经理的口碑和业绩表现，明星基金则成为近年来投资者追捧的对象。

明星基金一定靠谱吗？

明星基金泛指基金业绩排名靠前的基金，特别是排名保持在前10位的基金。管理这类基金的基金经理被投资者称为明星基金经理。

明星基金经理的业绩表现，更容易受到哪方面的影响呢？

明星基金经理首先要面对的是来自管理规模大幅飙升的压力。在基金市场中，基金管理规模会对基金净值表现产生不同程度的影响。基金管理规模越大，基金经理的资产配置难度就越大。

举个例子，某基金经理管理的基金规模为20亿元，此时他可以根据自己的投资风格配置资产，且在配置的过程中可以根据自己的专业领域，多配置一些中小市值的成长股，提升基金净值的投资回报预期。

但是，当这位基金经理的管理规模达到500亿元的时候，资产就不能够过多配置在某些中小市值股票上。因为，在实际情况下，买入股票的资金规模过大，这对股票价格易产生明显推动。手持巨额资金，也只能将其更多投向大市值的股票，这迫使基金经理的投资风格发生改变，即从追逐成长型企业变成追逐价值型企业了。受此影响，基金净值提升速度明显放缓。由此可见，基金管理规模太大反而会影响到基金经理的资产配置策略。

最近几年，不少明星基金的管理规模在显著扩大。

但是从2021年以来，明星基金的整体业绩表现并不乐观。如果在高位区域追涨明星基金，投资者很可能会陷入亏损。

因此，跟踪明星基金也需要讲究投资的时机。此外，投资者还需要根据个人的投资喜好、风险偏好选择合适的明星基金。投资明星基金的本质还是投资基金经理，投资者对基金经理有足够的信心也是投资明星基金的重要前提条件。

明星基金应该要怎样选择？

在实际操作中，投资者需要警惕以下几类基金。

第一类，基金产品过度注重宣传营销，但基金产品的整体业绩表现并不理想，对这类基金产品投资者应该尽量回避。

第二类，基金产品长期跑输同期市场指数的表现。被动型基金往往会跟踪市场指数，即使跑输同期市场指数的走势，其误差也不会很大。但是，主动型基金主要考验基金经理的资产配置能力，如果基金产品的长期表现持续跑输同期市场指数，那么基金经理的能力可能存在问题，这个时候投资者需要注意回避。

第三类，基金产品的季度调仓频繁，而且调入股票多属于价格处于高位的股票，这个时候基金可能存在追涨杀跌的嫌疑。那么投资者对这类基金产品还是需要注意回避。

第四类，基金经理频繁更换，而且每一任基金经理的平均在任时间不超过一年，投资者对这类基金产品需要警惕。在实际情况下，频繁更换基金经理，一方面反映出基金公司的内部管理存在漏洞，人才很难被留住；另一方面，不同的基金经理会有不一样的投资风格，频繁更换会导致现任经理的投资风格很难与上一任基金经理的投资策略完美衔接，基金净值从而出现大幅波动。

能称得上明星基金的基金品种需具备两个条件。一方面，优秀的业绩是其支撑条件；另一方面，基金产品要经得起长期考验，最起码要扛得住一轮以上的牛熊市转换过程。

假如某基金经理在某年获得了非常高的投资业绩，摇身一变成为了明星基金经理。此时，投资者需要从以下几个方面来判断其管理的基金的投资价值。

首先，需要观察该基金的持续运营时间，看它是否经历过一轮以上的牛熊周期。

其次，在取得此次佳绩之前，该基金的以往业绩表现是否持续跑赢了同期市场指数的表现。

再次，观察该基金经理的任期时间，看频繁更换基金的现象是否发生。

最后，观察该基金是否频繁出现高抛低吸的投资行为，或者疑似"老鼠仓"的现象是否出现过。

综上所述，如果该基金具备了上述明星基金的特征，那么投资者可以信任该基金。

明星基金也要有合理的买点

即使是真正意义上的明星基金，投资者也不能闭眼买入。

影响基金投资回报率的因素主要有三个方面：买入的位置、买入的资金规模、卖出的时机。

那么，该如何把握基金的买卖时机呢？

首先，对市场环境的判断是很重要的。判断在当前的市场环境下股票是否值得投资，投资者可观察整个市场的平均估值水平。如果市场指数估值水平正处于估值分位值 30% 以下的位置，那么相应的市场估值处于合理偏低的水平,中长期的投资的安全性更高。反之,如果市场估值处于70%分位值以上的水平,那么此时市场估值偏高,未来调整出现的概率也会随之增加。

其次,市场投资情绪的高低,也是一个重要的参考指标。股票市场常有"人弃我取"的说法。这是指一种投资心态的博弈。与市场环境分析、企业基本面研究相比,读懂市场的投资情绪对股票投资来说,有不少的好处。

2021年前后,不少明星基金的表现非常乐观,整个市场的投资人气处于非常高涨的状态。

但是,此时并不是最佳的投资时机。假如投资者选择在2021年初追高明星基金,那么将会面临长达两年以上的深度套牢风险。

因此,在选择明星基金时,投资者不要在人气鼎沸的时候买入,而要在人气低迷的时候买入。"人弃我取"的反向投资思维是不错的投资策略,这可能会大幅提升投资者的投资准确率。

最后,基金管理规模的变化也是一种可靠的判断标准。明星基金往往经得起市场的长期考验,但却经不起管理规模迅速飙升的考验。在实际情况下,基金管理规模越大,基金净值越难获得理想的表现。随着基金管理规模的增加,基金要实现可观的投资回报率增长的难度也是呈几何式增长。所以,基金经理合理控制基金管理规模,是提升基金净值灵活性与活跃性的关键所在。

在基金管理规模较小的时候,比较好的投资买点往往会出现。当基金的管理规模从峰值开始回落至一两年前的管理规模时，基金净值的后续表现可能会更好。假如基金管理规模一直处于高企的状态，那么基金净值的表现也会受到诸多的约束。

第二节　基金定投有讲究

基金投资者经常会采取定投的策略。"定投"是事先约定每期扣款日、扣款金额，以及扣款方式等的投资策略。采取这种策略的最直接的影响是，通过长周期的投资理财来实现财富的积累。长期使用定投策略可以达到分散投资风险的目的。

基金定投适合什么样的人？

并不是所有人都适合采取基金定投的策略。参与基金定投的人，应该要具有以下几种特征。

第一种：投资耐心足够。

基金定投考验的是投资者的毅力与耐心。基金投资是一项长期的投资活动，只有拥有足够耐心的投资者才可以在长期定投的过程中享受到资产稳健增值带来的回报。

第二种：拥有稳定的收入来源。

投资者拥有稳定的现金流、持续稳定的收入来源，也是实践定投策略的重要保障。

第三种：不要太在意短期得失。

一般来说，采取定投策略的时间越长、投入的资金越多，定投的效果越好。所以，投资者不要太在意短期的得失，应该从长远的角度看待定投的成果。

第四种：用闲置资金进行投资。

用闲置资金参与投资，投资者在心态上会显得更加轻松。假如投资者依靠借钱投资，再加上高杠杆操作的话，那么定投基金的性质也就变了。采取这种投资方式的人，往往有着一夜暴富的想法。但凡抱有这种心态的投资者都很难做好定投。

基金定投需要注意些什么？

要实现利润的最大化，投资者需要在选择基金品种、定投时机，以及止盈点设置等方面下功夫。

能否找到合适的基金品种取决于投资者的风险偏好、专注领域等因素。在基金品种的选择上，投资者应该优先考虑自己熟悉、专注的领域，对自己不懂的行业领域尽量不要投资。

假如投资者并没有特别专注的领域，而对很多行业充满兴趣，那么他更适合投资指数型基金，来获得长期收益。因为，指数基金可以涵盖不少行业的行业龙头企业和优质资产。

定投时机如何把握？

在定投时机的把握方面存在很多学问。

在实际操作中，即使投资者在高位投入了第一笔资金，但通过长期采取定投的策略，投资者的持有成本会逐渐降下来。在这里，基金定投的持有成本取决于第一笔投资的资金规模、定投的时间，以及定投的资金规模。

举个例子，王先生看中了某一基金产品，但买入时机并不是很好，是在市场处于高位区域时买入的。在高位区域，王先生的第一笔投入资金数额比较大，达到100万元。在随后的日子里，王先生采取每月定投的策略，每次定投的金额为1万元，那么从投资性价比的角度考虑，即使王先生此后通过长期定投降低持有成本，这种策略的投资效果也不是特别好。

又如，李先生同样看中了王先生的这款基金产品，而且同样是在高位区域开始买入。但是，与王先生不同，李先生第一笔的投入资金比较小，只有1万元。在随后的日子里，李先生采取每月定投的策略，且每次定投的金额为1万元。即使该基金出现大幅回撤的情况，李先生也可以通过这一定投策略，大幅降低持有成本，在长期投资过程中达到分散风险的目标。

通过上面两个例子，我们发现，第一笔投资金额的大小，对整个定投策略的影响非常大。如果市场估值比较高，且所处的价格区域属于高位水平，那么第一笔投资金额应该设置小一点。反之，在市场估值比较便宜，且所处的价格区域在低位水平时，第一笔投资金额应该设置大一些。

在实际操作中，投资者应该在估值底部区域进行定投，且单笔定投金额要设置大一些，同时定投的间隔时间不宜太长。

那么，投资者该如何判断市场估值的高低呢？

首先，投资者可以借助工具获知当前市场的估值水平，一般以上海证券交易所和深圳证券交易所的公开数据为准。一般来说，当市场指数处于 30% 以下的估值分位值的时候，市场可能正处于估值底部区域。反之，如果市场指数处于 70% 以上的估值分位值水平，则市场可能处于估值顶部区域。

其次，投资者可以通过市场公开数据了解市场的破净率水平。一般来说，股市破净率越高，市场离底部可能越近。

股票市场常有"破净股"的说法，即上市公司股票价格跌破每股净资产。A 股市场的破净率是市场中跌破每股净资产的股票比例。市场的历次底部区域大多具有平均市盈率偏低、市净率较低、破净率显著提升等特征。股市破净率越高，市场距离底部位置可能越接近。

最后，可以根据产业资本、社保基金的密集增减持的动作判断出市场的顶底。

当市场处于底部区域时，包括产业资本、社保基金在内的机构投资者会采取频繁增持的策略。这也预示着市场距离底部已经不远了，此时的整体市场的估值水平会相对合理。

确定了市场估值已经处于底部区域，那么这将会是一个比较好的定投时机。确定好定投时机、定投的基金标的，接下来投资者就需要制定出一个有效的定投策略，这样才能实现资产有效增值。

怎样制定出有效的定投策略？

正如上文所述，既然投资者确认了市场正处于估值底部区域，那么加大定投金额及缩短定投的时间是必要的投资策略。

A股市场虽然有"牛短熊长"的运行特征，但当市场处于估值底部区域时，市场距离行情转折点已经不远了，此时市场很可能处于熊市中后期。因此，如果定投间隔时间比较长，那么投资者很容易错过底部定投的机会，所以缩小定投间隔时间，并加大定投的金额，将会是提升定投利润的投资策略。

如果市场处于估值顶部区域，但投资者有着强烈的投资需求，这个时候投资者可以考虑拉长定投的间隔时间，并减少定投的金额，应对市场突然步入深度调整的风险。采取这种策略，即使选择的买入时机不太理想，通过拉长定投间隔时间、缩小定投金额的策略，投资者也可以在一定程度上减轻投资亏损迅速扩大的压力，变被动为主动。

由此可见，针对不同的市场环境和市场估值，投资者需要制定出不一样的定投策略。投资指数型基金，投资者只需要确定市场所处的估值状态和相应的市场环境，采取定投策略就有望取得可观的投资回报。

同时，投资主动型基金也可以采用这种定投策略，但因主动型基金的表现更容易受到基金经理的投资行为影响，所以投资者更需要对基金经理形成高度信任，这也是长期定投基金的最大前提条件。

定投策略并非意味着零风险。因此，投资者采取科学定投策略的同时，还需要注意回避相关陷阱才能实现财富的长期增长。

第三节　债基投资的几大妙招

股票、基金和债券，是投资者资产配置的主流品种。在这一节里，我们重点谈一下债券基金。

什么是债券基金？根据证监会对基金类别的分类标准，基金资产中有 80% 以上投资债券的，称为债券基金。债券基金又分为纯债基金、二级债基，以及其他类型基金等。

纯债基金是指专门投资债券的基金，类似于一级债基。纯债基金对债券投资比较专注，常见的纯债基金包括了中短长债券，一般纯债基金的波动率比较稳定，整体投资风险不是很大。

这里涉及短债基金和中长债基金的概念。很多投资者会把货币基金、短债基金，以及中长期债基进行对比，这三款基金比较适合稳健型投资者参与，但在投资期限、投资风险，以及投资范围等方面，这三种基金存在着一定的区别。

短债基金，主要投资范围是债券、央行票据、银行存款等品种。在具体操作中，短债基金投资银行间债券市场，所以短债基金往往具备了债基与货基的特征，整体收益率不高，但稳定性比较强。

相对于短债基金，中长债基金可选择的投资范围更广，投资组合的久期更灵活。具体来说，国债、金融债、企业债、央行票据和可转债等，都可以成为中长债基金投资的资产类别。

货币基金是投资风险较小、安全性很高的短期货币市场工具。货币基金的投资风险最低，但相应的投资收益率也是最低的。短债基金与中长债基金的区别主要是在投资范围与投资期限方面。

二级债基，是除了投资固定收益类产品外，还会参与到一级市场打新和二级市场股票投资上，投资风险和收益会比纯债基金要高。

二级债基的灵活性比较高，因为它同时具备了债券投资、新股打新，以及二级市场交易买卖的特征。遇到单边上涨行情，二级债基的投资回报率会高于纯债基金。如果遇到了单边下跌行情，那么二级债基的回撤风险会高于纯债基金。

此外，可转债基金主要投资可转换债券，而且可转换债券的投资比例较高，其他资金则投向了股票等领域。

相对于股票型基金，可转债基金的投资风险相对较低。这主要是因为可转债兼具股权与债权的特征，可转债跌破面值后往往存在兜底的特征，但在过度上涨之后，强制赎回的风险也会被触发。从整体上分析，投资可转债，避免了股票价格大涨大跌的风险，投资者既可以感受到债券的稳定性，也可以体验到股权增值的成果，投资稳定性比较好。

债基投资需要注意什么风险？

与投资股票基金相比，投资债基的风险会相对较小。但是，这并不意味着投资债基没有风险，稍有不慎，投资者也会遇到"踩雷"的情况。

例如，投资债基最大的风险是信用风险。即债券发行人不能够及时支付利息，而且未能按时归还本金，这个时候违约的风险就出现了。

一般来说，投资者会非常注重债券发行人的信用评级。不过，在实际操作中，投资者也会铤而走险，有意寻找一些存在高信用风险的债券，以提升投资收益率。这也是对这类愿意承担高风险的投资者给予一定的收益补偿。

要把控信用风险，投资者需要对该债基非常熟悉，特别是对债券发行人的信用能力、债券投资去向等有非常敏锐的判断力。

稳健型债基投资者应该优选信用评级高的债券，这可以提升债基投资的安全性。

那么，如何避免踩雷呢？要了解债券发行人的信用能力并防范信用风险，投资者可以从两个方面进行判断。

一方面，观察债券发行人历年来的信用评级、市场口碑。如果市场口碑持续良好和信用水平也很好，那么该债券发行人大概率会把这种优势延续下去，其发生信用风险的概率会很低。

另一方面，需要观察债基管理人的综合能力和持续管理债基的时间。一般来说，债基管理者管理某一债基的时间越长，经验会越丰富，应对各类风险的能力也会更强。假如债基管理者被频繁更换，或者债基管理者的平均管理时间不足1年，那么投资者需警惕这类债基投资的风险水平。

除了需要考虑信用风险外，投资者投资债基还需要关注利率风险、流动性风险等。

例如，利率波动的风险，这主要体现在货币政策倾向于收紧，市场利率呈现出上升的时候，此时债券价格会下行。反之，货币政策倾向于宽松、市场利率有下跌趋势的时候，债券价格会上升。因此，货币政策的松紧、市场利率的升降，对债券价格的波动会产生较大的影响。

又如，如果债基持有人过度集中于某一机构投资者或者某一个投资者手中，那么投资者需警惕集中赎回的风险。因为当债基持有人过度集中时，持有人突然采取大额赎回的行动，这将会直接影响债基的资金应对能力和流动性问题。

因此，对债基的投资，投资者还是需要从多方面进行研究，不能只看某一指标就决定买卖。

投资债基有哪些注意事项？

面对市场中大量的债基产品，投资者可能会眼花缭乱。如何选择适合自己的债基，又如何通过债基投资获得稳健的投资回报，这是很多投资者关注的问题。

与股票投资、股票基金投资相比，投资者投资债基不能够有太高的收益期望值，特别是对纯债基金。因为，在实际操作中，债基投资属于稳健型的产品，大部分债基产品的整体投资收益率不会太高。

投资债基的投资者需要找对基金管理人、选择合适的债基产品，以及了解债基的具体投资项目。

投资者应该选择管理债基时间较长的基金经理。即使基金经理会出现调换，债基管理人的平均任期也要保持在3年以上，这样债基的持续稳健运营才能得到保障。

此外,投资者还要关注基金经理在任期内的投资收益率表现,并将其与同类型的债基品种的收益率进行对比。拥有实力的基金经理可以持续跑赢同类型债基的同期表现。即使某一年的收益率不及同类型的品种,他们长期的业绩表现也会明显优于其他的基金经理。

良好的债基管理者还要拥有很强的资产配置能力。在实际操作中,基金经理需要对债券发行人有一个全面的认识,同时对信用风险、利率风险,以及流动性风险有着深刻的理解。

一般来说,良好的债基需要拥有稳定的流动性,可以抵御因某几个大户的大额赎回而引发的流动性风险。因此,债基产品对管理规模的设置颇有讲究。

在实际操作中,债基的规模不宜过大,也不宜过小,应控制在 5 亿元至 10 亿元的水平,从而保持比较好的运行状态。与此同时,可以保持多年良好的信用评级的债基的信用风险比较低,而且该类债基也更容易得到市场的认可。

如何科学配置债基?

稳健型或者保守型投资者可以适当增加债券的配置比例。但是,在具体的资产配置中,投资者到底是投资纯债基金,还是投资二级债基,或者是投资可转债基金,是需要认真考虑的问题。

国债会是最稳健的投资品种之一。国债是以国家信用为基础,发生信用风险的概率极低,而且多年来国债的收益率会比货币基金、定期存款的利率更高。因此，国债投资比较适合保守型投资者去参与。

而稳健型投资者则可以考虑对国债、纯债基金、二级债基和可转债基金进行分散配置，以实现投资收益的最大化。

在实际操作中，投资者可以根据资金的使用期限，把国债作为底仓，来保障基本的投资收益。在此基础上，投资者可以根据个人的风险偏好把资金分别配置到纯债基金、二级债基，以及可转债基金上。

如果投资者的风险偏好不高，他可以增配纯债基金和可转债基金。整个资产配置更强调债权的投资特征。最后，用部分资金配置一些二级债基，借道股票市场来提升整体的收益率。

假如投资者的风险偏好较高，他可以适当增配二级债基。但是，这种配置还需要根据市场环境的变化灵活调配。当市场处于估值底部区域时，投资者可以加大对二级债基的配置比例。当市场处于估值高位的时候，二级债基的配置比例不宜太高，此时投资者仍需要警惕股票市场调整所带来的净值下跌风险。

假如投资者属于激进型的投资风格，他或许会利用个人的投资本领寻找补偿信用收益的获利计划。投资信用风险较大的债基，投资者还需要具备很强的专业能力，并对相应债基有充分的了解。否则，稍有不慎，这类投资者可能会面临大额的投资损失，投资风险更高。

此外，投资者还需要有专业科学的投资策略，才可能对存在一定的信用违约风险，且收益补偿收益率较高的债券进行投资。

一般来说，股票与基金的投资风险会高于债券的投资风险。但是，在实际操作中，债券投资的风险也不是非常低的。债券投资者还是需要量力而行，选择自己熟悉的债券品种，而不是盲目投资，更不要加杠杆投资。

第四节 如何通过市场人气判断买卖点

在股票交易中，很难把握买卖的时机。有的人擅长基本面分析，有的人擅长技术面分析，还有的人会通过市场人气、投资情绪来判断分析买卖点。

前两类投资者在选择买卖点方面可以找到不少靠谱的判断依据。

以基本面分析为例，投资者可以通过对企业的财务报表进行分析，并与同行业数据进行对比，来判断企业的估值是否合理、是否具有持续赢利能力等。在实际操作中，常用的基本面分析指标包括市盈率、市销率、市净率、净资产收益率等。通过基本面分析，投资者可以初步了解市场所处点位的估值状态，也可以了解到上市公司所处价位的投资价值，为自己的投资决策提供一个基本的判断依据。

以技术面分析为例，投资者常用的技术指标，包括KDJ（随机指标）、MACD（异同移动平均线）、BOLL（布林线指标）、RSI（背离指标）等。投资者可以综合分析多项技术指标提高判断的准确率。技术分析有时候还可以帮投资者判断出未来股价的运行趋势，如果将基本面分析与技术面分析配合使用，投资者可大大提升投资判断的准确率。

基本面分析与技术面分析是投资者常用的分析方法。除此以外，还有一类投资者，他们擅长通过市场人气判断买卖点。这种分析方法更考验投资者的经验和投资嗅觉，所以并不适合投资新手。

通过市场人气判断买卖点的投资方式本质上是一种"人弃我取"的投资策略。也就是说，在市场情绪高涨的时候，尤其是在市场看多声音高度一致之际，投资者应该开始警惕投资风险的上升。反之，在市场情绪低落时，尤其是在市场看空声音高度一致之际，投资者的投资机会可能将要到来。因此，利用"人性"来判断市场的情绪冷暖，逆势反向操作，或许会取得意想不到的投资效果。

在股票市场上，拥有反向思维很重要。在实际操作中，真理往往掌握在少数人的手中。

更适合利用市场人气判断买卖点？

一般来说，对上市公司股价的判断，应该先以基本面分析为主。在此基础上，投资者再根据技术面分析提升准确率。但是，也存在例外的情况。当基本面和技术面分析都失灵时，利用市场人气判断买卖点反而是比较有效的。那么，什么时候适合利用市场人气判断买卖点呢？

在极端的市场环境下，利用市场人气判断买卖点，会是一种比较高效的投资策略。那么，极端市场环境的判断标准是什么呢？

第一种判断方法，以市场的平均市盈率为参考标准。某一时间段内股票市场的市盈率持续大幅下降，并跌至了历史估值低点，这种情况属于极端市场环境的特征之一。

第二种判断方法，受到内外部市场环境的影响，股票市场出现非理性大幅下跌，且市场点位或者股票价格远低于密集筹码峰区的位置，这可被视为极端市场环境的信号。

第三种判断方法，市场看空声音占据主导地位，这可被判断为极端市场环境的状况。

在极端市场环境下，市场往往处于加速下跌或者加速上涨的阶段，但市场的顶和底在哪里，只有市场知道。此时预测具体多少点位止跌，是极为困难的。在这个时候，通过市场人气来判断买卖点，也许是比较好的投资策略。

简单来说，在市场人气高涨，投资者一致看多的时候，行情很可能有加速见顶的迹象。在人气低迷，大家一致看空的时候，市场行情很可能正在加速见底。

在实际操作中，专业的投资者可能会判断出市场的大致顶部或底部，但很少有人可以判断出市场的最高点与最低点。

回顾 A 股市场的历史高低点，一般底部区域与最低点之间还会存在一定的差距。

例如，自 2009 年上证指数见顶 3478 点之后，股市呈现出震荡下行的走势，并于 2013 年 6 月见底 1849 点，并随后逐渐探底回升，在时隔一年后才开启新一轮的上涨行情。

在这一轮市场调整行情中，市场在 2000 点至 2300 点之间震荡多时，且当时政策环境开始吹暖风，这一区域被市场认为是政策底部区域。但是，从政策底到市场底，上证指数还有 10% 左右的调整幅度，可见市场底部与市场低点之间还是存在不少的距离的。

又如，2015 年 6 月上证指数触顶 5178 高点，并开展一轮加速下跌的走势。2016 年 1 月，上证指数最低触及 2638 点，但这仍然不是这一轮调整行情的最低点。从 2016 年初至 2018 年下半年，上证指数基本上处于区间宽幅震荡的过程中，2600 点至 2800 点被市场认为是政策底部，但到了 2018 年四季度，上证指数最终触底 2440 点才完成这一轮的调整行情，当时的市场底部与市场最低点之间，相差了 10% 左右的空间。

因此，市场底部与市场最低点之间，还是存在着一定的差距的。根据之前几轮熊市的运行特征，政策底部与市场底部之间的差距在 10% 左右，极端情况下可能会有 15% 左右的差距。

如何判断政策底与市场底？

A 股市场常有估值底、政策底以及市场底的说法，这些说法是什么意思呢？

估值底，就是说市场的平均估值处于历史估值底部的区域。在这个历史估值底部附近，市场距离最终的大底可能不远了，且具备了一定的估值优势，具备中长线的投资价值。

政策底，就是说市场在经历了深度调整之后，政策环境开始吹暖风，市场环境持续改善意味着股市调整幅度已经比较大，或者市场跌幅已经达到了一定的政策容忍度，市场见底概率明显提升，这距离市场拐点已经不远了。

市场底，是指在估值底与政策底之后，市场出现一轮自我寻底的过程。在这个阶段内，大家都不知道市场的低点会落在什么位置，它完全取决于市场的态度。一般来说，市场底是瞬间出现的，几乎不会在低点附近停留太长时间。当市场底完成触底之后，这一轮调整行情才算基本上告一段落，市场即将迎来新的拐点。

在实际情况下，估值底与政策底的探底过程，可以参考一些市场数据或者政策措施进行判断。例如，当股票市场的平均估值跌破某一水平时，市场开始进入低估值的区域，此时的市场逐渐步入投资安全区域。又如，在市场调整一段时间后，政策环境由紧变松，在市场环境持续改善之际，股票市场的政策底部意味越来越浓，市场距离真正的低点已经不远了。

但是，投资者需要依靠市场情绪、市场人气的变化来对市场底进行判断。

在市场底的探索阶段，市场往往会使用比较极端的方式完成寻底任务。

例如，2013年6月，市场出现了"钱荒"风波，这一市场现象的影响被资本市场无限放大，并引发了当年的短期非理性下跌走势。市场在6月下旬探底1849点，最终该点位成为当时的市场低点。

在市场指数从 2200 点下跌至 1849 点的过程中,整个市场的投资情绪也是相当恐慌的。特别是在当年的 6 月 24 日和 6 月 25 日,上证指数累计最大跌幅超过 10%,市场指数从 2073 点调整至 1849 点,也仅仅用了一天半的时间。市场的悲观情绪基本上达到了极致的状态,最终市场放量见底,这两天的恐慌盘被快速释放。

又如,2018 年 12 月上证指数触底 2440 点,但在市场触底之前,市场普遍认为 2600 点—2800 点位是 A 股市场的估值底与政策底的位置。在最后一个月内,市场以快捷的速度完成了 200 多点的累计下跌空间,这一段下跌被市场视为市场底的探底过程,最终市场停留在 2440 点至 2600 点之间。

除 A 股市场外,美股和港股市场也适用通过市场投资人气、市场投资情绪进行分析判断的投资方法。

2020 年 2 月和 3 月份,美股市场受到当时的流动性挤兑压力的影响,道琼斯指数在短时间内从接近 30000 高点大幅下跌至 18000 点附近的位置,市场指数累计跌幅近 40%,这也是继 2008 年以来的最大年内跌幅。

在市场处于极度悲观,且一致看空的时候,美股市场却悄悄完成了筑底回升的走势,2020 年 3 月低点成为非常难得的市场底。但是,大多数的投资者不敢轻易抄底。因为在当时,抄底是一个高风险的投资策略。而且当时不少市场声音认为,美股市场可能会跌到 15000 点以下。

2022 年 11 月前后,港股恒生指数一度跌破 15000 点,市场指数跌回了2008年之前的水平。在市场处于极度悲观，且看空声音高度一致的背景下，港股市场却悄悄形成了十年一遇的黄金坑，当时大胆抄底的投资者，在短时间内轻松获得可观的投资收益。

由此可见，A股市场完成估值底、政策底寻底的过程往往是比较漫长的。但是，在市场完成估值底、政策底的寻底走势后，市场最终完成市场底的寻底过程却比较短暂。在市场底的筑底阶段，市场最终的低点往往发生在市场恐慌程度最高、市场看空声音最一致的时间点上，所以绝大多数的投资者想判断出市场底部难度不会很大，但判断出市场真正最低点的难度极大。

同理，在市场处于加速上涨的过程中，估值顶、政策顶，以及市场顶的问题会同样存在。在估值顶、政策顶先后得到确认的基础上，投资者才能对市场顶部的走势做进一步的判断。一般来说，市场顶部与估值顶、政策顶的空间差距不会太大，当市场人气高涨、市场投资情绪达到了前所未有的高度时，市场顶部往往会在不经意间出现。高位追涨的投资者之后需要等待漫长的时间才能解套。

通过市场人气判断买卖点，投资者需要先将基本面分析和技术面分析结合起来。只有在确立估值底、政策底的基础上，投资者才能够更准确判断出最终的市场底。前者，考验的是投资者对市场基本面与政策环境判断的能力，后者则考验着投资者对市场人气状况变化的判断能力，这要求投资者对市场投资情绪的变化有相当敏锐的嗅觉。

第三部分
掌握投资逻辑

投资是一场修行,"一夜暴富"的想法是不切实际的。关于这一点,我们可以从巴菲特、张磊等成功者的传奇故事中有所领悟。要想成为一名合格的投资者,读懂自己,学会识别风险、掌握有效的投资方法,以及搞懂资产配置的实战技巧,尤为关键。

第六章

科学投资技巧

第一节 读懂你自己

并不是所有人都适合做投资。很多人都有一个认知误区，总以为学习资产配置、学习投资，就可以包赚不赔。资产配置和投资并不简单，也不是简单的买卖交易行为，其中牵涉大量的专业知识和基本技巧，没有我们想象中那样轻松。

有的人因投资致富，实现了财务自由；有的人因投资返贫，打拼几十年积累的财富一夜蒸发；还有的人，刚开始接触投资的时候，确实尝到了甜头，但好景不长，因为抵御不住市场中的各种诱惑，最后不仅把利润全部吐出来了，还把本金赔完。

因此，在做投资、做资产配置之前，投资者必须要读懂你自己。那么问题来了：如何读懂自己？

第一步，判断出自己是一个什么性格的人。

性格对一个人的成长有着深远的影响。有的人属于激进型性格。这类性格的投资者适合采用比较积极的资产配置策略。因为他们的风险承受能力比较强，可以容忍资产出现较大幅度的缩水的状况。因此，这类投资者可以选择更积极的资产配置策略，或者投资波动率更大、投资回报预期更高的资产，以追求超额的投资收益。

有的人属于稳健型性格，他们的风险承受能力在激进型与保守型投资者之间。这类投资者可能更适合采用资产分散配置的策略，并通过合理的配置方式来实现资产的稳健增值。对他们来说，投资最直接的目的是实现资产有效保值增值，强调"稳健"二字。

与上述两类投资者相比，保守型投资者在风险承受能力方面会差很多。在实际操作中，保守型投资者更倾向于资产的保值，他们的投资目标可以参考同期的通胀率水平和存款利率之和。假如当年的 CPI 为 1.5%，一年期存款利率为 1.5%，那么保守型投资者的投资目标是 3%，实现资产保值是他们首要的投资目标。

不同的性格，往往有着不一样的投资理念及风格。第一步，就是要真正了解自己的性格，客观评估自己的风险偏好，这是开展投资之前的前提条件。

第二步，了解自己熟悉的投资渠道，知道自己的短板。

有些投资者，看到一些投资渠道很赚钱，于是在完全不了解投资规则的前提下，一窝蜂跑去投资。最后，投资者不知道自己投资的是什么产品，也不明白市场交易规则是什么，大概率会赔钱。在现实生活中，很多这样的投资者，凭着自己的一腔热情，拿着钱到处任性投资。

实践证明，投资自己熟悉的投资渠道，投资者赚钱的概率会明显提高。即使有的人通过不熟悉的投资渠道赚到钱，但这些投资利润往往是靠运气取得。从长期看，之前的利润很容易会亏回去，甚至可能会赔了本金。

在实际操作中，有的投资者对股票市场有着深入的了解，但对债券、黄金等市场认识不足。在这个时候，他选择投资股票市场，赚钱的可能性会更高一些。在此前提下，投资者再筛选出几家自己长期跟踪、比较熟悉的上市公司，那么赚钱概率就会更高了。

韩愈在《师说》中曾说过，"闻道有先后，术业有专攻"。这句话所表达的意思是，我们知道道理的时间有先有后，但擅长的技能和学业各有不同的方向。在投资市场中有不少行业板块，每一个板块都蕴藏着不同的学问。一个普通投资者不可能深入了解全部行业板块，只能够选择一个或者几个行业进行研究。

有的投资者从小接触医疗行业，大学所学的专业也与之相关，那么，此类投资者深入研究医疗板块，未来赚钱的概率可能会比其他投资者更高。有的投资者从小受到家庭的影响，关注机械行业，即使他大学所学专业未必与机械相关，但家庭氛围对个人的知识体系的影响也是非常深刻的。所以，"术业有专攻"在股票市场上还是很有必要的。

第三步，了解自己有多少钱可以用来投资。

在做好上述两步工作之后，接下来投资者需要了解自己及家庭的经济状况。一般来说，建议投资者用闲置资金参与投资，而且需要留足日常生活开支所需的资金。

利用闲置资金参与投资，即使遇到不可控的投资风险，投资者也不会显得惊慌失措。假如投资者是利用家庭所有的资金参与投资,甚至采取高杠杆的操作,那么最终的投资结果可能是他不敢想象的。

因此,普通投资者在参与投资之前,需要了解自己有多少钱可以用来投资。一般来说,个人或家庭的可支配资金,可以成为闲置资金的参考条件之一。不过,在参与股票投资之前,投资者应该要留足应对日常生活的资金,另外还需要预留一笔家庭应急资金,来防范家庭中的突发状况。

根据实际投资需求,投资者可对闲置资金做出划分。例如,热衷于股票投资,且可以承受一定投资风险的家庭,可以在股票资产上提高配置的比例。从稳健的角度出发,他们可以分别选择基金、债券、黄金等资产进行灵活配置,达到分散投资风险的目的。不过,整体的资产配置策略,还是投资自己熟悉,且长期跟踪的领域,这可以提升整体的资产增值效果。

第四步,了解自己可接受的投资时长或者时间成本。

在投资市场中,有的人可以获取非常可观的投资利润,有的人则获得一点利润就赶紧将股票卖出了,错失了后面较大的利润空间。不同投资者的投资回报率差别很大,这除了与他们所选择的品种有关,还与持有的时间、投入的本金有着密切的联系。

持有时间的长短,与个人的投资信心关系最密切,同时也与闲置资金的使用时间有着一定的联系。

举个例子,如果投资者拥有一笔闲置资金,但闲置时间只有1年。投资者需要寻找到一年内具有确定性的投资机会。以股票投资为例，做价值投资，1年时间是远远不够的，即使找到确定性的投资机会，在1年时间内得到丰厚的投资利润也是不现实的，投资亏损也是可能出现的。

假如闲置资金的可使用时间过短，那么投资者还不如直接投资稳健型或保守型的投资渠道，来获取确定性的投资收益。不管投资者对自己的投资策略是否有足够信心，他都需要拥有一笔闲置时间足够长的资金作为投资的支持。

此外，投资者还需要考虑时间成本的问题，并在有限的时间里充分利用好自己的现金流，并从最大程度上提升资金利用率。总之，充分了解自己可接受的投资时长，在投资过程中，是非常重要的。

第五步，在投资能力范围内，争取实现更高投资收益。

每个投资者都会有一个投资认知上限，但投资者的认知水平和理解能力不同，所形成的投资认知上限也会不一样。因此，投资者需要不断提升个人能力，才可以实现更高的投资收益。

投资是一场修行，投资者应该敬畏市场、顺势而为。要想在市场上获得更好的投资收益率，投资者还需要不断学习、提升自己的投资能力。在现实生活中，无论是创业还是投资，我们都应该努力寻找到自己擅长的领域，并在自己的领域里做到术业有专攻。

举个例子，一位投资者长期跟踪银行股，对这类股票的投资价值和估值判断有一套自己的研究方法。通过长期的分析，其对银行股的经营模式和资金运作模式，有了深入的了解，自然可以遵照规律轻松获利。

如果这位投资者心血来潮，突然改去投资新能源股票，那么他未必会取得投资收益。究其原因，银行与新能源行业之间的跨度太大，所牵涉的知识与商业逻辑有着本质上的区别。假如精通银行股的投资者去跨界投资新能源股票，那么由于没有经过长期研究，这位投资者投资失败的概率还是比较高的。

不仅是普通的投资者，杰出的企业家，也同样跳不出这个魔咒。有的企业家长期专注于家电领域的经营，但出于赢利多元化的考虑，企业家大举跨界投资，这将面临较大的投资风险。对部分重资产行业来说，一旦投资者开始投入，将会面临中长期的巨额资金压力，成功概率因而不高。真正把跨界产业做大做强的案例，属实少见。

因此，大多数人与其花大量的时间去研究新的领域或者新的投资渠道，还不如把精力与时间花在自己擅长、熟悉的领域之中。

第六步，了解亏损容忍底线，做好风险管理规划。

除了考虑资产增值外，投资者还需要充分了解自己的亏损容忍底线。

那么，如何判断出自己的亏损容忍底线呢？最简单的方法是，当亏损幅度达到某一水平时，自己会感受到明显的焦虑，那么这个时候就可以被看作是自己的亏损容忍底线了。

还有一种方法，就是根据亏损幅度来判断自己的亏损容忍底线。例如，有的投资者亏损不足5%，就产生出明显的焦虑，那么这类投资者属于保守型的投资者，也是风险厌恶型投资者。假如投资者亏损超过 20%，还没有产生出明显的焦虑，依然平静看待自己的投资结果，那么这类投资者应该属于积极型投资者，对投资亏损具有一定的容忍能力。

在这两者之间的投资者，可以被判定为稳健型投资者。一般来说，稳健型投资者的亏损容忍幅度在 10% 以内，如果超出了这个幅度，那么投资者需要做出应对。

不同类型的投资者，往往会有不一样的风险偏好和不同的亏损容忍底线。投资者应该做好完善的风险管理规划。当亏损幅度超出了自己的容忍范围时，就要采取止损策略，避免亏损进一步扩大。

读懂你自己，是进行投资理财的重要一步。投资者如果不了解自己的投资习惯与风险偏好，还是不要轻易接触投资理财，因为盲目开展投资行动，会给自己带来较大的投资风险，甚至改变你的人生轨迹。

第二节　识别风险的方法

无论是在企业经营，还是在投资市场上，我们经常会听到"风险"二字。对资深投资者或者专业的机构投资者来说，他们经常会有"风控"的概念。

什么是风控？一般是指风险控制。众所周知，风险并不能够完全被消除，但可以被转移，或者可以通过一些策略降低发生的概率。

企业经营者会通过有效的管理或正确的经营决策来减少经营风险。经营大宗商品的企业管理者，会时刻关注大宗商品价格的波动，并通过期货市场等投资渠道进行风险对冲。此外，原材料成本的价格波动，也会直接影响到生产经营的利润。从提升利润的角度考虑，企业经营者可以组建一支专业的风险对冲团队，运用金融工具来降低经营成本，达到提高企业利润的目的。

投资者参与投资，首先应该考虑的是风险管理的问题。在遭遇黑天鹅事件时，投资者应该采取合理的方式来及时止损，这也是风险管理的范畴。

识别风险的三种方法

在股票市场中，投资者有必要掌握几种识别风险或者风险对冲的方法。当了解投资风险、熟悉投资规则之后，投资者将会在一定程度上降低投资踩雷的风险。笔者介绍三种识别风险的方法，供投资者参考。

方法一：如何规避政策风险与市场风险

A股市场常有政策市的说法。政策市是指股票市场的走势经常会受到政策变化的影响，政策环境的松紧对其影响不可小觑。

2015年，A股市场经历了一轮轰轰烈烈的杠杆牛市行情。随着市场环境的持续好转，市场投资信心与做多热情提升至一个前所未有的高度，股票市场的估值也攀升至近年来的高位水平。

在此背景下，A股市场也发生了一些微妙的变化。其中，政策环境的变化最为显著,我们不妨细数一下这些市场变化信号。

第一个信号,市场环境的持续回暖也促使新股发行节奏的显著提升。从2015年5月起,A股市场IPO核准节奏从一个月一批调整为一个月两批。

第二个信号,产业资本减持力度加大。产业资本的增减动作,往往反映出市场的投资情绪与投资态度。最接近市场的产业资本,对企业的经营活动、现金流状况等会有一个比较直观的感受。当企业经营活动或者现金流发生异常的时候,资本也会第一时间做出反应,所以投资者需要持续跟踪关注产业资本的流向。

第三个信号,政策环境持续收紧,降温信号持续释放。据报道,从2015年1月起,政策层面上开始持续释放出降温的信号:2015年1月27日,部分银行压缩伞形信托杠杆率,次日证监会再查中小券商;2015年2月6日,券商代销伞形信托被禁;2015年5月22日,场外配资启动自查、自纠;2015年6月15日,非机构类配资账户存量遭清理。随后,A股市场开启了下跌行情。

第四个信号,观察市场估值的变化。市场估值的变化在很大程度上受到市场价值的影响。从长远的角度出发,价格最终还是会回归价值,这也印证了价格围绕价值上下波动理论的有效性。在A股市场的发展历史上,当市场遇到非理性单边行情的时候,投资者要考虑到市场情绪波动造成的影响。

例如,在2015年杠杆牛市期间,上证指数从3500点大幅上涨至5178点,1600多点的涨幅更多体现在市场情绪因素方面。当时,杠杆资金的全面激活,促使股票市场的杠杆率迅速提升。

在市场一致看多的背景下，杠杆资金与场外增量资金合力推动当时股价的加速上涨，并把市场推升至5178点的高点位置。

市场情绪本质上是一把双刃剑，在市场集中看多的时候，它往往会起到助涨的作用。反之，在市场集中看跌的时候，它会起到助跌的作用。擅于分析市场的投资情绪，利用市场情绪的涨跌规律，投资者可以很好回避市场的投资风险。

例如，在2015年下半年，随着杠杆泡沫的破裂，大量资金逃离股票市场。随着场外配资的清退，大量资金不惜代价抛售股票，并引发了流动性挤兑的风险，这对当时的股票市场起到了明显助跌作用。

在A股市场的历史上，当股票市场的估值超过了估值中位数水平，且步入历史估值高位水平时，预示风险即将到来。随着市场指数持续走高，投资的风险将大于机会。相反，当股票市场的估值跌破了估值中位数水平，且接近历史估值底部区域时，机会是大于风险的。因此，投资者要持续关注市场估值变化，它是判断市场投资机会的关键指标。

综合分析上述提及的四个信号，投资者可以从一定程度上规避政策风险与市场风险。不过，股票市场的价格变化随时都在发生，谁也无法预测市场接下来的走向，但利用多方面的数据指标分析，投资者可以降低误判的发生次数。

方法二：利用期权工具进行风险对冲

利用期权工具进行风险对冲，需要一定的准入门槛。值得注意的是，这种投资方法主要适用于港股和美股市场，A 股市场的风险对冲工具还不够完善。但从发展趋势来看，未来 A 股的期权市场发展潜力非常大。

常见的金融期货市场的交易标的是金融商品或期货合约。但是，期权交易标的物则主要体现在商品或者期货合约的买卖权利上。

个股期权主要分为看涨期权和看跌期权。再结合成熟市场的规则，它可以进一步划分为买入看涨期权和卖出看涨期权、买入看跌期权和卖出看跌期权。

个股期权的设置旨在提升交易活跃度，为投资者提供风险对冲的工具。随着个股期权的广泛使用，市场的投资吸引力与交易活跃度将会大大提升。

举个例子，假如投资者看好某只上市公司股票，并期望在合理的价位买入。然而，该股票的价格迟迟未能够触及投资者的心仪买点，在等待的过程中，投资者浪费了不少的时间。如果市场允许个股期权的操作，那么投资者可以通过卖出看跌期权的方式对冲风险。

假设该股现价为 10 元，投资者计划在 9.5 元买入该股股票。此时，投资者可以卖出看跌期权，并设置好到期时间与执行价格，耐心等待到期结算。

值得注意的是，这个操作很可能会出现两种情况。

第一种情况，如果该股票在到期时，并没有跌至 9.5 元或者以下的价格位置，那么投资者这笔交易会到期结束，并获得一笔权利金收入。

第二种情况,该股票在到期时,股价跌破9.5元,投资者不仅获得了到期的权利金收入,还能以执行价买入该股票。

我们再换一种场景:如果投资者持有某只股票,近期股票价格出现了快速上涨的走势,但投资者非常犹豫,且不愿意卖出股票,一旦卖出了股票,他可能会面临踏空的风险。

此时,投资者可以选择卖出看涨期权,到期收获权利金,也可以选择买入看跌期权。一旦股价如期下跌,投资者可以实现风险对冲的目的。

由此可见,从投资的角度出发,利用好个股期权的投资工具,可以起到良好的风险对冲作用。不过,大多数普通投资者并不适合采用这种交易工具,参与个股期权之前,投资者需要对参与的投资标的非常熟悉,且对个股期权的交易规则非常了解,否则会承受较大的投资风险。通常来说,专业投资者会更多地使用个股期权来对冲风险。

方法三:持续跟踪外资净流向

2014年,沪港通正式"通车",外资资金的净流向成为市场行情走向的一个重要风向标。近年来,外资流入A股的资金规模持续增长,外资持有A股的比例也处于稳步攀升的趋势。据报道,截至2022年9月底,外资持有A股流通市值2.77万亿元,占A股总流通市值的4.35%。

那么,在实操中,投资者应该如何利用外资净流向判断市场的顶和底呢？

投资者可以根据北向资金（从香港市场往北买入深市或沪市的资金）的净流向判断出外资资金的具体举动，投资者可以参考沪深交易所官网和一些主流媒体的统计。沪深股通的每日净流向数据，都会有公开的披露。

当北向资金出现连续多日大额净流入的情况，且频繁出现单日净流入超过百亿元时，投资者可预测，市场的投资吸引力比较高，市场行情拐点可能不远了。

与之相比，如果北向资金出现连续多日的大额净流出迹象，且频繁出现单日净流出超过百亿元的情况时，投资者需要警惕。

不过，北向资金的净流向数据，并非仅仅取决于外资资金的投资情绪，还需要依靠对更多的市场数据的分析。例如，汇率波动会影响北向资金的净流向规模，汇率贬值会引发外资的流失，汇率升值则会提升外资投资热情。

此外，投资者还可以根据 A50 期指、海外 A 股 ETF 的申赎情况，来判断外资资金对 A 股市场的态度。

在 A 股市场的发展历史上，不少 A 股上市公司被外资大量买进，甚至多次触及外资购买上限的红线区域的情况也出现过。

根据交易规则，外资持股比例超过 28%，沪深股通将会暂停买入。若境外投资者的持股比例超过了 30%，强制启动卖出的程序将被触发。当沪港通、深港通股票的境外持股比例降低至 26% 以下的时候，交易才会恢复正常。

需要注意的是，外资资金的净流向并不局限于沪深港通，投资者还需要关注 QFII（合格境外机构投资者）、RQFII（人民币合格境外机构投资者）等渠道的流向表现。从近年来 A 股市场与外资资金净流向的表现分析，两者之间的关联性不可忽视，外资资金的净流向行为被视为股票市场走向的重要风向标。

第三节　有效的投资方法

在投资市场上，用对了方法，很多问题可以迎刃而解。反之，用错了方法，投资工具也会变成财富大幅缩水的催化剂。因此，投资者掌握高效的投资方法，可以获得可观的投资回报。

那么，投资者需要掌握什么样的投资方法，才可以在市场中掌握主动权呢？

第一种方法，长期跟踪自己熟悉的标的，并在性价比最高的时候逐步买入，等待目标位达成后逐渐卖出。这种投资方法的胜率是比较高的。

采用这种投资方法，投资者需要考虑几个前提条件。投资标的应该是自己长期跟踪的资产，并且投资者要对这个投资标的非常熟悉。具体来看，投资者需跟踪某一上市公司或者多家上市公司三年以上，并对上市公司的财务状况、主力资金运作方式有比较深入的了解。

一般来说，衡量一家上市公司的财务实力与现金流水平，投资者可以通过分析上市公司的分配方式、财务状况等指标找答案。

在实际操作中，如果一家上市公司多年来的现金分配力度远高于募资规模力度，那么该公司的财务状况就没有太大的问题。持续稳健的分红能力，是检验上市公司真实财务数据及真实现金流的一个重要参考指标。

除此以外，投资者还需要观察上市公司是否存在各种财务异常情况。例如，"大存大贷""企业长期不分红""最近一个会计年度财产报告出具无法表示意见或否定意见的审计报告"等现象。

不过，"大存大贷"现象未必具有决定性的影响。例如，华为、苹果等公司，也会存在"大存大贷"的问题，但是当普通上市公司出现"大存大贷"等财务问题时，投资者还是需要加强重视。

"大存大贷"是说企业账面留有大量现金，同时有大量的有息负债。面对这种情况，投资者需要结合当时的利率水平进行分析。假如市场利率很低，上市公司可能存在以低利率借债来盘活资金的需求。如果市场利率比较高，上市公司在拥有大量现金的基础上，还利用高息举债，这显然不符合逻辑。

还有一种比较好的判断方式，即在上市公司的短期债务即将到期之际，公司无力偿还这笔短期债务，宣布债务违约，但是在这个时候，公司财报却显示拥有大量的现金。一边拥有丰厚的现金流，另一边却无法偿还短期债务，这表明该公司发生财务造假的概率较大。

第二种投资方法，选择合理的估值，定投指数型基金。这个投资方法的核心点是合理估值与指数型基金。

首先，为什么要选择指数型基金？与股票型基金、混合型基金相比，指数型基金是以特定指数作为标的的基金。例如，沪深300指数、标普500指数、纳斯达克100指数、创业板指数等。投资指数型基金可以规避投资单一股票会出现的"黑天鹅风险"。它还可以从最大程度上降低基金经理的投资误判风险。简而言之，指数型基金基本上紧跟着市场指数进行操作，如果投资者对上市公司的股票价值很难进行判断，那么投资指数型基金也是一种不错的选择。

值得注意的是，指数型基金的投资，需要找到一个合理的买点。一般来说，按照估值指标进行分析判断，投资准确性会更高一些。

近十年沪深300指数的静态市盈率处在11倍至17倍之间。如果按照估值分位值的数据进行分析，低估值区域在13倍以下，高估值区域在15倍以上。从定投的角度出发，投资者可以选择在市场指数估值低于13倍的时候开始进行投资，只要市场估值还没有高于13倍，可以坚持定投下去。从长期的角度出发，这笔投资的胜算是比较高的。

这种投资方法比较适合稳健型投资者，或者对单一股票缺乏判断分析能力的投资者。

第三种投资方法，以合理估值寻找高股息率的上市公司，并通过分散投资提升成功的概率。

当普通投资者刚开始进入股票市场时，他们往往无从下手，不知道自己具体的投资方向。从稳健的投资策略出发，此时投资者可以通过合理估值寻找高股息率的上市公司，并对符合条件的上市公司进行分散投资，这也是一种可行的投资策略。

一般来说，当上市公司长期连续采取高股息分红的措施时，这表明该上市公司的财务实力比较强、现金流比较健康，投资者参与投资的风险会比较低。

在 A 股市场中，真正实施高股息分红的上市公司并不多。如果这家上市公司连续 5 年以上实施现金分红，那么该上市公司比较注重股东回报，值得投资者重点关注。投资者不妨从以下几种途径去判断上市公司的投资价值。

例如，投资者可以观察一家上市公司在过去 5 年时间里，是否持续实施现金分红的方案，还可观察上市公司现金分红的力度是否远超过再融资的金额。从更稳妥的方式分析，投资者可以观察上市公司自上市以来的现金分红与再融资金额，并计算两者之间的金额变化。如果上市公司自上市以来的现金分红金额远远超过再融资的金额，那么该上市公司对股东回报的意愿是非常高的。

再如，在持续实施现金分红的基础上，投资者可以观察上市公司的股息率变化情况。还可以观察该上市公司近五年的现金分红力度是否呈现出稳健增长的趋势。

再看看上市公司的平均股息率水平，投资者可以参考同行业的股息率及一年期的定存利率。如果上市公司的股息率持续高于同行业的平均股息率水平，且持续高于一年期的定存利率水平，那么该上市公司的股息率是具有一定优势的。

此外，在满足上述条件的基础上，投资者仍需要观察上市公司的估值水平是否合理。按照合理及偏低的估值水平，寻找具备持续高股息优势的上市公司，并对符合条件的上市公司进行分散配置，这也是一种比较稳妥的投资策略。

第四种投资方法，选择靠谱的基金经理，在合理估值以下进行定投，在合理估值以上获利了结，长期下来也是一个可行的投资策略。

假如投资者不具备选股的能力，也不具备判断市场指数高低的能力，那么他可以选择靠谱的基金经理帮助自己做投资。

投资者需要在众多基金经理中选择出优秀的经理，这并不容易。即使是之前的明星基金经理，面对市场的波动风险，其管理的基金也存在着净值大幅缩水的风险。

选择基金经理，主要看以下几个方面。

一是，需要观察基金经理的历史表现，并持续观察基金经理与同类型基金产品的业绩表现。在某一年跑赢同期市场表现并不能说明什么。只有持续跑赢同期市场指数和同期同类型产品，基金经理的管理能力才能得到肯定。

一般来说，投资者需要观察基金经理跨越牛熊周期的能力。假如基金经理还没有经历过一个牛熊周期，那么该基金经理的管理经验尚且不算全面。成熟型的基金经理起码需要经历一轮以上的牛熊周期，才能够提升个人的判断能力和风险管理水平。

二是，基金管理规模大小，同样影响着基金经理的运作能力。假如某只基金产品的管理规模在100亿元以内，那么基金经理管理的资金规模越小则管理的效率越有可能得到提升，资产配置也会显得更加灵活。反之，如果基金管理规模大于500亿元，那么基金经理的资产配置难度也会显著提升，资产筛选的局限性也会更大。

从基金净值的波动表现分析，基金净值的表现与管理规模的大小有着密不可分的关系，它也会影响基金管理者的资产配置方式。

举个例子，如果某基金的管理规模在 100 亿元以内，或者在 50 亿元以内，那么基金经理在资产配置上会表现得更加积极。在实际操作中，基金经理可以选择更多的标的，且不局限于大市值的资产，可以选择波动率更高的中小市值资产。

如果某基金的管理规模在 500 亿元以上，基金经理只能更专注于大市值的资产，这反而制约了基金净值表现的灵活性。当基金的管理规模达到某一数值的时候，基金管理者需要对基金申购规则有所调整，并限制基金管理规模的进一步扩大，以保护基金投资者的切身利益。

此外，投资者需要观察基金经理是否有自购跟投的行为，且自购力度是否较大。基金经理的这种行为也是对基金投资者的一种诚意，更是代表着一种态度。一方面投资者需要看跟投的连续性，另一方面他还需要观察自购跟投的力度，敢于持续自购跟投的基金经理更容易受到投资者的青睐。

提醒一下，不同投资风格的投资者，应该尽量选择适合自己的投资策略，不宜盲目照搬别人的投资方法。

第四节　资产配置的实用技巧

在日常生活中，我们都有可能接触到资产配置的问题。那么，什么是资产配置？从概念上来说，资产配置是根据投资者的不同投资需求，投资者把资金分配到不同类型的资产之中，以实现理想的投资回报率，并把投资风险降到最低的策略。

在本章第一节中，我们重点谈了"读懂你自己"的主题。为什么要读懂自己？因为在投资之前，我们需要对自己的投资风格、风险偏好有一个全面的认识，并在此基础上，制订科学合理的资产配置计划。因此，读懂自己是进行资产配置的重要前提条件。

科学投资的重要性

在评估完自己的性格、投资风格，以及风险偏好之后，我们接下来就需要制订出符合自己投资需求的资产配置方案了。

资产配置并非是近几十年才创造出来的概念。早在 400 年前，西班牙著名作家塞万提斯就提出了一个流传甚广的说法，"不要把所有的鸡蛋放在一个篮子里"。

对投资者来说，资产配置到底有多重要？

举个例子，A 先生拥有 1000 万元资金，希望实现资产增值。他计划把全部资金投入到股票市场。由于 A 先生缺乏资产配置的知识，又没有做好足够的风险管理方案，在大举买入某股票之后，A 先生发现股价出现了大幅下跌的走势。在短时间内 A 先生亏损了20%，由于股价跌破了A先生能承受的止损位置，最终他不得不采取止损出局的操作。在一笔投资操作之后，剔除手续费、印花税等因素，A先生的投资回报率为 -20%。

假如A先生懂得资产配置，那么其投资结果就会截然不同了。

在实际操作中，A先生首先对自己的风险偏好做出合理的判断，同时A先生根据自己的投资风格与风险偏好制订出一个科学的资产配置方案。

例如，假定A先生是积极进取型投资者，他的1000万元资金可以重点配置在股票类资产上，并增加一些固收类的产品作为保障。这既可帮助A先生追求进取收益，也可帮他增加一些稳健的收益。相反，如果A先生属于风险厌恶型投资者，那么他应该尽可能回避资产价格波动明显的投资品种，而应该选择保本型的投资理财渠道以保障资产安全。

综合分析，在制订资产配置计划的时候，我们需要对不同的投资品种进行一个具体的划分。

例如，积极进取型投资者，可以参考股票、股票型或混合型基金、商品期货、股指期货，以及股票期权等投资品种。稳健型投资者，可以考虑投资银行理财、可转债、FOF（基金中的基金）、REITS（房地产投资信托基金）、年金险等产品。此外，保守型投资者，可以考虑货币基金、大额存款、定期存款、通知存款、储蓄国债等。

总而言之，不同投资风格和风险偏好的投资者，应该依据上述规则筛选出与自己相匹配的投资品种。

科学的资产配置，对个人的投资行为带来重要的影响。例如，如果上文提及的 A 先生没有进行科学的资产配置，那么他很可能会因为不合理的投资行为，导致严重的亏损。

如何进行科学的资产配置？

在现实情况下，适合大多数的投资者的资产配置方法有以下几种。

投资者可以参考"三三四"投资法则、金字塔投资法则、标准普尔家庭资产配置方法等。

第一种，"三三四"投资法则。

假定投资者为稳健型风格，那么我们可以对号入座，将上述提及的适合稳健型投资者的投资品种拿出来，依据这些品种对资产进行分散配置。

在具体的资产配置上，我们可以把心目中认为最安全的资产作为"三三四"投资法则的底层资产，以保障我们最基本的投资理财收益。

例如，若投资者认为年金险是这些投资品种中安全性最高的品类，那么他可以把它选入"三三四"中的底层资产，也就是配置四成的投资比例。

需要注意的是，安全性高并不意味着完全没有投资风险。根据年金险的定义，投保人或者被保险人一次或者按期缴纳保险费，而保险人以被保险人生存为条件，按年、半年、季或者月给付保险金，并直至被保险人死亡或者保险合同期满。年金险的最大的投资风险来自通货膨胀，以及相应产品收益率水平。相比其他投资品种，年金险属于相对安全的投资渠道。

接下来，投资者对所列出的稳健型投资品种进行分散配置，并配置到"三三四"中的第二个"三"里面。此时七成的资产被配置到稳健型的投资品种之中，这基本保障了收益。

在此基础上，我们再根据个人的风险偏好，对"三三四"中的第一个"三"进行灵活投资。简单来说，如果投资者在这部分资产中配置进取型的投资品种，那么投资者需要做好充分面对风险的心理准备。

如果投资者确实无法承受进取型资产的价格波动风险，那么他就把剩下的三成资产全部调整为稳健型品种，这样的资产配置方式可以有效降低风险，并可以为投资者带来比较稳健的增值收益。

第二种，金字塔投资法则。

金字塔投资法则更适合用于投资股票、基金等投资品种。在投资过程中，该法则可以帮投资者尽可能降低持仓的成本，规避投资风险，从而达到资产有效增值的目标。

举个例子，假如 A 先生投资某一股票，他的投资成本是每股 10 元。但是，不幸的是，在 A 先生买入该股股票的时候，股票价格不涨反跌，造成 A 先生的投资损失。

在这个时候，摆在 A 先生面前的，有两种应对策略。

第一种策略是及时止损。采取止损策略的前提是，A 先生不再看好该股票的投资前景，或者说 A 先生认为该股票的估值偏高，已经超出了自己的心理承受能力。

一般来说，股票投资的止损策略可以分为动态止损与静态止损策略。动态止损策略，就是根据股票价格的运行状况灵活制定出有效的止损点。在实际操作中，投资者可以根据量价变化、K线组合等指标做出卖出止损的判断。例如，当股票出现带长上影线的阴线，且放量跌破某一重要支撑位的时候，该点位可被视为止损位置。又如，在K线形态上，该股票出现了"三只乌鸦"的形态，这是一种持续下跌的信号，那么投资者也可以采取止损的策略。

静态止损，则是指参考一些静态的指标作为止损点。例如，30日线、60日线、年线、半年线等作为止损点。举个例子，A先生是根据该股价格突破60日线后进行买入，那么当该股有效跌破60日线的时候，则这个点可以被视为A先生的止损点。

第二种策略是逢低补仓。在这个时候，金字塔投资法则可以派上用场。金字塔投资法则是一种巧妙的买入策略。投资者可以联想一下金字塔的形态，越往下的位置越宽越厚，越往上的位置越窄越尖。运用到股票市场之中，主要体现在股价下跌空间越大，加仓幅度越大。但是，利用这种投资策略，投资者需要对该股的基本面与盈利能力相当熟悉，一旦股票存在退市风险，这个投资策略是无效的。这一点需要特别强调。

在实际操作中，投资者需要把资金划分为几份，且每一次买入点会比上一次的买入点更低，每一次买入的资金量会比上一次买入的资金量更大。具体来说，投资者可以把资金分为10%、

20%、30%、40%，也可以把资金分为5%、10%、15%、30%和40%，根据个人的喜好设置不同的买入比例。

举个例子，A先生看好某股票，并计划长期持有。假如A先生买入的价位是每股10元，那么A先生可以根据股价每下跌5%的变动量进行股票增持。也就是说，A先生买入第一笔交易，成交价格是10元/股，买入的资金量是5%。当股价下跌至9.5元，A先生可以买入10%的资金量。当股价继续下跌5%，A先生可以买入15%的资金量。当A先生用完手头上的资金时，平均买入价格也会大幅降低。

运用金字塔投资法则，投资者可以大幅降低买入成本，避免高位买入的风险。不过，使用该法则时，投资者需要对买入个股的基本面非常熟悉，若公司基本面存在重大风险或存在退市的风险，那么这一投资法则就不适用了。

稳健型投资者可以利用金字塔投资法则投资指数型基金或是自己长期跟踪的优质"白马股"。

第三种，标准普尔家庭资产配置方法。

长期接触投资理财的人，可能听说过标准普尔家庭资产配置方法。拥有一定闲置资金的家庭可以采用该方法。标准普尔家庭资产配置法的核心内容是，投资者家庭主要把钱分为四个部分，分别是要花的钱、保命的钱、生钱的钱，以及保本升值的钱。前两项是必须支出项目，特别是保命的钱。剔除要花的和保命的钱之后，投资者应该更专注于后两者的资产规划。

其中，生钱的钱是注重在中短期的投资回报能力，保本升值的钱则注重长期规划。

此外，投资者还需根据不同的年龄段制订出不一样的投资理财计划。在实际操作中，投资者可以适度关注养老目标基金，这也是长期资产配置的有效品种之一。

其中，养老目标基金分为目标日期基金和目标风险基金。前者主要根据不同的年龄群体，选择不同的养老目标日期基金。比如，你在2045年退休，那么你可以选择2045年的养老目标日期基金。而后者则根据投资理财产品的风险等级进行划分，投资者可以选择平衡型或者稳健型产品进行资产配置，满足具有不同风险偏好的投资者的投资需求。

第五节　存银行还是买银行股

前文讲过，依据风险偏好的类型，我们把投资者分为了三种类型，分别是激进型投资者、稳健型投资者，以及保守型投资者。不同类型的投资者往往会有不一样的投资偏好与投资习惯。每个人的风险承受能力不同，自然需要制定出不同的投资策略。

银行定期存款的优势是什么？

从保守型投资者的角度出发，把钱存放到银行，也许是最稳妥的投资策略。在实际生活中，储户愿意把钱存放在银行，主要是看中银行的高信用体系，资金安全性可得到有效保障。退一步说，即使银行发生了系统性风险，存款保险制度也会保护储户的存款。

根据存款保险制度，存款保险实行限额偿付，最高偿付限额为人民币 50 万元。这个最高偿付限额，已经可以覆盖大多数的储户的提款需求。如果储户的资金足够多，那么他可以选择多家银行进行分散存款，降低投资理财的风险。

不过，存款保险制度保护的是存款性质的资金，例如活期存款、定期存款、大额存单等，银行理财、基金理财等产品，并不在存款保险制度的保障范围之内。

储户选择把钱存放在银行，主要考虑的是资金安全性。此外，他们也希望通过银行定期存款实现资产保值升值，比如将 100 万元存放至银行，投资者一年也能获得两三万元的存款利息。

不过，当银行存款利率出现下调，甚至是连续下调的情况时，储户的利息收入会下降，资产保值的效果也会大打折扣。在这个时候，储户可以选择相对积极的投资策略。

银行定期存款属于比较保守的投资理财方式。虽然这种方式保证了资金的安全，但它并非没有投资风险。例如，储户选择提前取走资金，将会面临利息损失的风险，银行会按照活期存款利率计算利息。存入定期存款的时间越长，提前取走资金的风险成本就越大。

国有大行下调存款利率，风险偏好要改变了

2023 年 6 月，六大国有银行集体发布了下调存款挂牌利率的公告。

从具体的公告分析，活期存款利率下调至 0.2%。另外，2 年期、3 年期和 5 年期的定期存款利率，均出现了不同幅度的下调。银行选择下调存款挂牌利率，既有自身经营的需要，也有促使储户将资金用于投资与消费的意思。

下调存款挂牌利率，存款利率的调节灵活性可以得到提升，银行息差压力有望得到缓解。与此同时，通过下调存款利率，银行可以更好提升贷款利率调节的灵活性，进一步降低实体经济的融资成本。

对储户来说，银行下调存款挂牌利率带来的最直接的影响是存款利息收入的下降。不过，银行调整的是存款挂牌利率，不同银行会有应对措施，部分储户可能会选择存款利率更高的银行，也有部分储户会选择将存款资金转化为其他投资。

按照六大国有银行的存款挂牌利率，存款利率水平不超过 3%，这样一来，资产保值效果相比以往大打折扣。此时，不少储户担心，银行的存款利率会不会进一步下降，如果资金用于投资银行股，效果会怎样呢？

存银行真的不如投资银行股吗？

目前，市场上有一种说法，叫存银行不如投资银行股。那么，这个说法到底有没有道理呢？

在投资的过程中，投资者主要看三个投资要素，投资安全性、投资流动性，以及投资收益性。

从投资安全性的角度分析，把钱存银行定期的安全性会远高于投资银行股。前者属于存款性质,不超过 50 万元的存款资金可获得存款保险制度的保护。与此同时,国内开设银行的门槛比较高,国有大行与头部股份行的信用等级比较高,它们可以在很大程度上保障资金的安全性。后者属于股票,股票会存在价格波动的风险,这种价格波动不仅受到银行经营状况的影响,而且还会受到市场环境的影响,股票市场的价格波动风险,并非所有人可以承受得起。

从投资流动性的角度出发,银行定期存款的流动性不及股票流动性强。在实际操作中,虽然银行定期存款可以被提前取走,但提前取回资金利息会遭受损失。提前取走部分只能够按照活期存款利率计算利息收入,对选择定期存款的储户来说,这笔利息损失并不少。相对于银行定期存款,股票的流动性比较高,如有紧急的资金需求,投资者可以在二级市场中卖出股票。值得注意的是,在卖出股票之后,投资者并不能够及时提现。目前 A 股市场采取的是 T+1 的结算方式,所以当天卖出后,需要等到第二个交易日才能够提现。

从投资收益率的角度考虑,银行定存只有一份收益,即存款利息收入。相比银行定存,股票投资主要有两份收益,一份是差价收益,另一份是股息收益。不过,在实际操作中,投资者也需要根据具体情况具体分析。有的上市公司长期不分红,属于股票市场中的"铁公鸡",有的上市公司很大方,多年来累计分红金额高达数百亿元,为投资者带来非常可观的投资回报。

据报道,截至 2023 年 6 月,在 42 家 A 股上市银行中,37

家上市银行的股息率超过了3%。另外，还有20家上市银行的股息率超过了5%。换言之，如果投资者长期持有银行股，那么一年的股息率会远超过同期银行定存利率水平。

不过，这并非意味着投资银行股会比把钱存进银行更划算。在实际操作中，投资者仍需要注意几个细节。

第一，考虑到股息红利税的问题，投资高股息的股票，短期投资者会比较吃亏。持股时间在一个月以内的投资者，需要承担20%的股息红利税。持股时间在一个月以上、一年以下的，需要承担10%的股息红利税。只有持股时间超过一年的投资者，才可以获得免征股息红利税的优惠。

第二，即使投资者获得了较高的股息分红，他也需要考虑到股票价格的估值水平。如果投资者选择在估值偏高的时候买入股票，那么他可能会承担股票价格下跌的风险。如果投资者买入时的估值比较低，那么资产价格下跌的空间比较有限，未来实现资产价格上升及获得股息红利的投资收益的概率较大。

第三，并非所有银行股都具有投资价值，股息率与估值只是参考要素之一，投资银行股仍需要考虑更多的因素。例如，银行的资产质量水平、银行的不良率与拨备率水平等。这些数据也会反映出不同银行之间的发展差距，投资价值也会存在很大的区别。

因此，投资银行股有可能会获得超额的投资回报率，但这更考验投资者的分析能力和对上市公司的判断能力。

对保守型投资者或者稳健型投资者来说，除了投资股票外，他们还可以通过灵活的资产配置方案实现资产保值的效果。

例如，若国有大行的存款利率下调，投资者可以选择到中小银行或者民营银行进行定期存款。一般来说，中小银行和民营银行存在一定的揽存需求，它们往往会给到储户较高的存款利率。

此外，投资者也可以选择定期存款的替代品。在具体操作中，他可以选择大额存单、储蓄国债、国债逆回购、货币基金等。这些投资渠道的安全性比较高，且整体的投资收益率比较合理，投资者可以选择分散配置，实现资产的有效保值。假如投资者可以承受略高一点的投资风险，他可以选择可转债基金、纯债基金和 FOF 基金进行组合搭配。

存银行还是投资银行股，关键取决于个人的风险承受能力和个人的投资选择。

第七章

成功投资理念

第一节 巴菲特的成功要诀

巴菲特凭借高超的投资能力,在资本市场上取得了可观的投资业绩。根据公开数据,从 1965 年至 2021 年,巴菲特旗下的伯克希尔·哈撒韦公司实现的年化收益率高达 20.1%,这一收益率水平远高于标普 500 指数的年化投资收益率。

几十年来,信奉价值投资的投资者越来越多,每年举行的伯克希尔·哈撒韦股东大会,都会吸引来自全球各地的投资者参与,它称得上价值投资者的盛宴。

既然在世界范围内信奉价值投资的投资者众多,但为何没有几个人能超越巴菲特呢?作为传奇投资大师,巴菲特自然拥有一些"秘密武器",它们也是普通投资者很难模仿复制的投资方式。但是,巴菲特在二级市场上的每一笔交易,都是公开操作的,所以普通投资者依然可以参照巴菲特的公开操作数据进行研究。

巴菲特最经典的投资案例

回顾巴菲特几十年来的亮丽投资业绩,多笔投资案例都非常经典，包括早期投资迪士尼、可口可乐，以及苹果公司等。

在1966年前后，巴菲特开始注意到迪士尼的投资机会。巴菲特看好迪士尼的原因，主要是当时迪士尼的估值极低，且市场给予迪士尼的市值规模低得可怜。面对一家利润可观、现金流充裕的上市公司，巴菲特认为迪士尼被市场错杀了，或者说市场对迪士尼的发展前景存在误判。

巴菲特在投资迪士尼之前，亲自到迪士尼进行调研，并先后坐进迪士尼的电影院、游玩了迪士尼的娱乐项目，还与迪士尼的高管进行了沟通。

经过一番调查之后，巴菲特发现迪士尼的投资价值不错。当时市场给予迪士尼的市值仅有8000万美元左右，但仅仅一项《加勒比海盗》的娱乐设施就价值1700万美元，可见当时市场对迪士尼存在明显的误判。

经过深入调研，巴菲特开始投资迪士尼。他在获利55%左右时，卖出了迪士尼的股票。其实，按照当时的卖出价分析，巴菲特选择的买入时机很好，但卖出时机并不太好。当时，巴菲特也无法预料到在50多年后的今天，迪士尼的总市值达到了1600亿美元，较当年8000万美元市值增长了很多。

另一个案例是，巴菲特大举买入可口可乐公司，获得了丰厚的投资利润。

巴菲特在投资生涯中，对龙头消费股一直兴趣浓厚。其中，巴菲特最得意的投资案例，包括喜诗糖果、可口可乐、苹果公司等。前两家上市公司属于非常经典的消费企业，苹果公司也可以被认为是消费股，但苹果公司属于电子领域的消费品，甚至被认为是消费领域的可口可乐公司。

在巴菲特看来，他对可口可乐公司是相当熟悉了，他是可口可乐的忠实粉丝。每一次伯克希尔·哈撒韦的股东大会，我们都可以看到在巴菲特面前的桌子上会放一罐可口可乐。

1988年，巴菲特开始投资可口可乐公司。对一个长期热衷于喝可口可乐的消费者来说，巴菲特购买可口可乐公司股票的时间似乎有点晚了，但这并不影响他在可口可乐身上赚取可观的投资收益。

当巴菲特首次买入可口可乐股票的时候，可口可乐公司已经成立了102年，股票上市的时间近70年。可口可乐公司自上市以来，几乎没有让投资者失望过，该公司凭借可观的股价表现以及丰厚的股息分红，为长期持股的投资者带来了非常丰厚的回报。

据报道，截至2023年一季度，伯克希尔·哈撒韦公布的最新持股文件显示，可口可乐公司依然是伯克希尔·哈撒韦公司的第四大持仓股，一季度的持股市值约248亿美元。在可口可乐前面，前三名持仓股分别是苹果公司、美国银行和美国运通。

目前，可口可乐公司依然是巴菲特旗下伯克希尔·哈撒韦公司的重仓股。巴菲特对可口可乐公司绝对是真爱。

巴菲特为何选择投资苹果？

在市场一片质疑声音中，巴菲特通过重仓苹果公司股票，获得了丰厚的投资利润。

事实上，巴菲特投资苹果公司的时间并不是很早。自2016年以来，巴菲特开始大举买入苹果公司股票，在当时苹果公司的股价已经不便宜了。但巴菲特依然大规模吃进苹果公司股票，可见他对苹果公司的这笔投资充满了信心。

不过，在投资苹果公司股票之后，巴菲特的收益增长并不像预期的一帆风顺。在投资苹果公司之初，公司股价出现了反复震荡的走势，经历了一轮震荡期后才发力上涨。假如巴菲特没有足够的耐心和魄力，那么他是不会在相对高位的价格点重仓买入苹果公司的。在大举买入苹果公司股票的时候，巴菲特曾经遭受到一系列的质疑与否定。此后，随着苹果股价的持续走高，巴菲特收获了可观的投资利润，同时还进一步证实了自己的投资眼光。

截至2023年一季度，苹果公司已经是巴菲特的主要重仓股，而且持股数量多达2042万股，一季度的持股市值高达1510亿美元，这些都远高于第二和第三位重仓股的持股及市值规模。

巴菲特看好苹果公司的原因大致有三点，苹果的生意很好、拥有一批忠诚度很高的用户，以及苹果不断回购自家股票。虽然巴菲特在苹果公司身上已经获利丰厚，但他始终珍惜自己手中持有的苹果股票。

巴菲特的成功要素是什么？

如今，巴菲特已经成为全球公认的投资大师。人们不禁要问，巴菲特取得可观的投资成绩背后的成功要素又是什么呢？

第一，巴菲特的成功，与他背后的市场环境有着一定的联系。自1965年以来，巴菲特旗下的伯克希尔·哈撒韦公司的投资年化收益率高达20.1%，远高于同期标普500的10.5%年化收益率水平。不得不说，在过去50多年的时间里，标普500高达10.5%的年化收益率，也是相当可观的投资回报。

据此，如果没有美股市场长期牛市行情的支持，巴菲特很难实现理想的投资复合年化收益率。纵观巴菲特旗下的投资组合，大部分的企业是在美国本土，而这些美国上市公司也长期得益于美股长期牛市的积极影响。

在股票市场中，顺势而为非常重要，市场指数长期向上的运行趋势也为巴菲特的投资表现助力，可以说美股长期走市的大环境造就了巴菲特的投资成功。

第二，巴菲特的成功取决于他对优秀企业的挖掘能力，而且也得益于对公司的严格筛选。在投资市场上，有的人偶尔成功一两次，这很正常，但在长达几十年的投资生涯中，能获得如此抢眼的成绩是与优秀的个人能力密切相关的。

巴菲特重仓股有哪些特征？

如果认真研究分析历年来巴菲特的重仓股，我们会发现这些持股具有一些共同特征。

从行业领域分析，巴菲特更偏爱消费、能源与金融行业。其中，消费行业是巴菲特长期跟踪关注的领域。在2023年一季度的持仓组合中，苹果、可口可乐、卡夫亨氏等上市公司，都属于消费行业。

消费、金融与能源领域,更容易反映出经济环境的变化。在巴菲特看来,选择核心行业的龙头股,可以更好分享企业长期发展的成果,优秀龙头企业往往会给投资者带来意想不到的投资回报率。

另外,巴菲特对上市公司的商业模式、现金流状况也非常重视。

优秀的商业模式,即上市公司的生意模式很好,而且这个生意很难被其他企业所取代,起到一定的"护城河"作用。拥有良好现金流的企业,可以为自身的长期可持续发展带来有力的支持,现金流充裕的企业往往比缺乏现金流的企业更具有投资价值。多年来,巴菲特的重仓股中很多是具有良好现金流状况的上市公司。

对拥有充裕现金流,且注重股东回报的上市公司来说,公司往往会采取股份回购注销、加大现金分红力度等措施来提振股价,并为投资者带来可观的投资回报。

当然,巴菲特对风险管理也有着严格的风控要求。比如,巴菲特要求伯克希尔·哈撒韦公司始终持有超过300亿美元的现金和等价物。从伯克希尔·哈撒韦的财报数据中,我们可以观察到历年来伯克希尔·哈撒韦公司对现金储备的要求是非常严格的。伯克希尔·哈撒韦持续保持千亿美元以上的现金储备规模,也成为该公司重要的"护城河"之一。

除了一定规模的现金储备外,巴菲特在投资组合的分配上,特别注重分散投资的原则,并不会把大部分资金投资在某一股票上或者某一行业之中。

因为手握巨额的现金储备，即使遇到非理性的下跌行情，巴菲特也不会感受到巨大的持仓压力。在极端的市场环境下，巴菲特可以利用巨额的现金储备逢低布局，并获得心仪资产的投资主动权。

随着美联储的大幅加息，巴菲特还可享受利息增加带来的红利。

在股票市场中，时刻存在着价格波动风险，而且市场走势几乎是无法预测的。因此，面对复杂多变的市场环境，巴菲特依然可以取得可观的投资成绩，属实不易。

对普通投资者来说，巴菲特的投资神话或许难以复制和模仿。但是，巴菲特的投资理念却能够给我们带来重要的启示。擅于学习他人的优点，并积极借鉴他人的成功经验，可以少走很多的弯路。巴菲特用数十年的时间为我们积累了大量珍贵的投资经验，透彻领悟其中的理念，投资者在股票市场上可以少交很多学费。

第二节　索罗斯的另类投资

索罗斯无疑是一个充满争议的人物，同时也是全球金融史上不能被忽略的人物。全球多起有名的金融海啸，几乎都与索罗斯有着或多或少的联系。在很多人看来，索罗斯如同金融市场上的大鳄，他的出现总会让人感到恐惧。

索罗斯的一生充满着传奇，他与巴菲特都出生于1930年，两人都是全球知名的投资人。巴菲特热衷于价值投资，并把价值投资理念传播到全世界。而索罗斯则依靠杠杆交易成名，其点睛之处是充分利用了反身性理论，并利用市场的情绪波动进行获利。简单来说，索罗斯更擅长利用市场的情绪波动、市场的缝隙来把握投资机会。很显然，这种投资方式与众不同，并非普通投资者可以简单复制和模仿，这恰恰也是索罗斯的投资精髓所在。

说到索罗斯，自然要谈到量子基金。量子基金是全球著名的大规模对冲基金。与其他基金相比，量子基金主要体现出投资高风险、布局品种多、投资范围广等特征。在多次的金融风波中，量子基金的身影都可以被看到，可见它的影响力相当大。

极具争议的金融人物

说到索罗斯，投资者印象最深刻的莫过于1997年的亚洲金融风暴。当年的量子基金横扫东南亚，引发泰铢崩溃，并使危机波及至东南亚多个地区。

索罗斯当年的一系列举动，对全球金融市场的冲击力非常大。继索罗斯横扫东南亚之后，他又瞄准了中国香港。当年中国香港的股票市场受到了显著的冲击，所幸的是，中国香港果断出手反击索罗斯等国际资本大鳄，并使金融市场转危为安。时隔多年，投资者仍然对当年的金融危机心有余悸。

除东南亚金融危机外，索罗斯还在全球多地发起金融战。例如1994年墨西哥金融危机。

正如上文所述,索罗斯与巴菲特在投资风格上存在本质的区别。在全球市场范围内,各界人士对巴菲特与索罗斯的看法与态度也是截然不同的。

一个是向全世界传播价值投资理念的投资大师,并为不少投资者带来了实实在在的投资回报,另一个是充分利用对冲工具进行价格投机的金融大鳄,对资本市场的影响巨大,还给部分地区的金融稳定带来了威胁。

不过,从推动全球金融市场发展的角度出发,巴菲特与索罗斯都有一定功劳。巴菲特让广大投资者认识到了资产配置的重要性,意识到增加现金储备与提升风险管理能力的意义。索罗斯积极推动全球金融衍生品市场的发展,并借助之前几次的金融危机,让更多的国家与地区的投资者对对冲工具有了进一步的认识。

索罗斯于1949年开始在伦敦经济学院学习,这也是他深入学习经济理论,重新认识自己的重要阶段。

在毕业之后,索罗斯从交易员开始接触市场,并专注于黄金与股票的套利交易。随后,索罗斯来到了美国纽约,成了一名套利交易员。得益于交易员的工作经历,索罗斯在这个阶段为日后创立对冲基金积累了大量的经验。

1973年,索罗斯与另外一位天才投资大师吉姆·罗杰斯共同创建了索罗斯基金管理公司。1979年,索罗斯把它更名为量子基金。

凭借自己犀利的投资眼光和敏锐的投资嗅觉,索罗斯利用卖空手段在资本市场中多次斩获巨额利润。

索罗斯的成功，除了自身的判断分析能力之外，还与他的黄金搭档密不可分。当时，罗杰斯负责证券分析，索罗斯则专注于买卖证券，他们二人的默契合作，为当年的量子基金带来了巨大的财富收益。不过，在1980年之后，罗杰斯从量子基金退出，转而从事自己的投资事业。

最佳搭档的离开，索罗斯艰难走出低谷

对索罗斯来说，1980年是充满考验的一年。在这一年里，他的最佳搭档罗杰斯决定离开。

据报道，在罗杰斯离开后，量子基金遭受了重创。次年，索罗斯持有的公债出现了大幅调整的走势，总计损失了几百万美元，量子基金的利润也大幅下滑。受此影响，大量投资者离他而去，索罗斯的经营压力逐步加大。

但是挫折与困难并没难倒索罗斯，反而让他越战越勇，并逐渐形成了自己独特的投资理论。之后，量子基金出现拐点，量子基金净值逐渐从低谷走出来，索罗斯的知名度也在不断提高，他终于成了金融巨头。

第三节 应该向张磊学什么

在资本市场上，高瓴集团拥有很高的知名度。2001年12月，高瓴集团被列入《2021全球独角兽投资机构百强榜》《2021中国独角兽投资机构 TOP30》。谈起高瓴集团，人们会在第一时间联想到张磊。

在 2005 年，张磊创立了高瓴集团。多年来，高瓴集团投资过京东、腾讯、字节跳动、蓝月亮、百济神州等众多知名公司。部分投资还为高瓴集团带来了非常可观的投资回报。在资本市场上，它是如同神一般的存在。

据了解，高瓴集团会持续把资源投入到最前沿的技术领域，对硬科技、前沿技术的投资占比超过了整个投资布局的 80%。截至目前，高瓴集团已经成为跨阶段、跨地域、跨行业的全天候投资机构。

高瓴集团的成功，自然离不开它的创立者的努力。在创立高瓴集团之前，张磊曾在耶鲁捐赠基金工作，并曾负责对南非、东南亚和中国的投资。丰富的专业知识和多年的市场历练，为张磊创立高瓴集团打下了坚实的基础。

近年来，国内资本市场掀起了一轮"高瓴热潮"。因高瓴多次押中大牛股，高瓴的重仓股或者新建仓的股票，更容易得到市场资金的跟投。当高瓴的持仓出现变动或者高瓴有着新的投资动作时，市场资金会大幅跟风投资高瓴概念股。在市场炒作高瓴概念股的背后，张磊成为最直接的受益者，他也由此成为资本市场的热门人物。

张磊出生于 20 世纪 70 年代，他的人生充满了传奇色彩。

从默默无闻的年轻小伙，到资本市场的重量级人物，在近二十年的时间里，张磊的人生发生了翻天覆地的变化。当年张磊选择了创业，创立了高瓴集团，这成了张磊重要的人生转折点。

张磊为什么会受到大家的关注？在笔者看来，主要原因有以下几点。

第一点，张磊在33岁时带着2000多万美元回国创业。在十多年后，其掌管的资金规模高达5000亿元，张磊的投资神话引起了各方关注。投资者一直非常好奇，张磊是如何管理如此庞大的资金规模的，他又是如何把资金规模快速做大的？

第二点，在张磊投资腾讯、京东等著名企业的时候，这些企业并不知名，如今他所投资的很多企业已经成长为具有世界影响力的大企业。人们想知道，他又是如何从众多企业中筛选出腾讯、京东等颇具发展前景的企业的？当选择投资这些企业之后，张磊又是如何做到耐心等待企业发展壮大，最终享受企业快速壮大的成果的？

第三点，张磊靠什么一步一步晋升至全球知名投资人和企业家的？普通人与张磊之间的差距在哪里？

带着这些问题，我们一起去探索一下张磊的传奇人生之路。

张磊的成功原因是什么？

出生在普通家庭的张磊并没有很高的人生起跑线。通过发奋图强，张磊以河南省高考文科状元的成绩考入中国人民大学。后来，张磊到美国耶鲁大学求学，并获得了工商管理硕士和国际关系硕士学位。

从出身于普通家庭到世界名校毕业，这一段经历直接改变了张磊的人生。

考上名牌大学的张磊，在读书与工作的过程中，一方面积累了大量优质的人脉资源，建立起非常优质的朋友圈；另一方面，他也为自己的事业积累了大量的专业知识和专业技能。

创立高瓴集团，只是张磊实现人生价值的第一步。接下来，他与众不同的投资能力更是让人惊叹。

把时光拉回十多年前，高瓴集团凭借灵敏的嗅觉与精确的分析，提前布局了腾讯、京东、美团、百度等公司，并投下了大半个中国的商业版图。要知道，这些公司当时都是创业公司，投资的风险非常大。

站在投资者的角度，能够提前筛选出杰出的企业，已经让人赞叹不已。更让人佩服的是，张磊在大举投资中国企业后，始终坚守着价值，与时间做朋友，最终实现了非常可观的投资业绩。

张磊可以称为"中国版巴菲特"。17年时间，他创造出各种投资神话，并在真正意义上贯彻着与时间做朋友的投资理念。

同样是做价值投资，为什么成功者是张磊，而不是其他人？

张磊的成功，也可以被认为是张磊及团队的成功。纵观全世界的成功企业，企业的发展壮大与领导者的能力密切相关，但公司不是依赖某个人的能力，而是依靠核心团队的智慧。

试想一下，作为跨阶段、跨地域、跨行业的投资公司，高瓴集团每天需要接触的公司为数众多。即使张磊的能力再强，他的时间也就只有24小时。面对大量的公司，仅凭张磊一个人的力量是完全不够的，背后的团队成员的努力功不可没。

他们每天需要从事大量的资料整理、公司调研、财务分析等繁杂工作，需要运用不同领域的专业知识和专业技能。没有团队的努力，张磊也很难筛选出有投资潜力目标公司。作为公司创立者，张磊需要做出大量判断，但凡有一项数据出现误差，都可能会造成严重的投资损失。

张磊是一个价值投资者，也是一个长期主义者。

投资确实需要一些运气，但并不是完全取决于运气。张磊可以抓住腾讯、京东、美团等企业的成长红利，不仅与他独立的思考分析能力有关，也反映出他对被投资企业的高度信任。在融资到位后，他会让企业放手去做，这样不仅能使对方卸下心理包袱，还有利于实现投融双方的互利共赢。

在高瓴集团创立之初，中国互联网企业正处于起步的阶段。在美国有着多年商业观察经验的张磊，在看到美国科技企业崛起的同时，也意识到中国科技企业的发展机会。

张磊选择大举投资腾讯，是因为他看到了中国互联网高速发展的前景，并认为即时通信有着广阔的想象空间；张磊大举投资京东，是因为他看到了中国电商市场的发展前景，并非常看好当时京东的自营模式；张磊重资投资美团，因为他看到了中国市场消费升级和外卖行业的广阔发展前景。

谚语有云：千里马常有，而伯乐不常有。用通俗的话来说，可以发现人才的人，往往比人才本身更难得。张磊如同伯乐，假如没有当初的坚定投资，也许就没有今天的一些强大企业。

第四节　成功投资者的必备素质

虽然成功的投资者到底应该要具备什么样的素质，没有一个标准答案，但是笔者借此机会想与读者朋友分享一下个人的几点看法。

第一，必须拥有强大的抗压能力。

无论是投资股票还是其他品种，成功的投资者必须拥有强大的抗压能力。以股票为例，股价随时会发生价格波动。即使是优质的上市公司，在极端的市场环境下，也难逃价格下跌的压力。但是，从长期的角度出发，优质上市公司往往会给投资者带来长期稳定的投资回报，期间的价格波动只是长期上涨过程中的小插曲。

面对市场反复波动的走势，最考验投资者的其实是心理素质与抗压能力，此外还有投资者对市场的信心与对持有股票的熟悉程度。假如投资者对上市公司有足够的了解，并长期跟踪研究，那么他就不会惧怕价格的波动风险。反之，如果投资者对企业没有深入的认识，而且没有做好足够的应对准备，一旦股价出现非理性下跌的走势，他很可能会失去理智，随时做出低位抛售的行为。

第二，不要在意短期价格的波动，要注重长期价格。

一般的投资者可能会关注股票价格每时每刻的波动情况。

在 A 股市场中，不少投资者买股票的意义在于解套，也有不少投资者买股票的目标在于短期获利了结，看到 10%、20%

的投资利润，就迫不及待把股票卖掉。

这种投资行为往往赚不到大钱。在实际操作中，投资者会因为一些蝇头小利错过赚大钱的机会，甚至会在追涨杀跌的过程中被套，投资风险显著提升。

第三，提前做好投资风险的管控工作。

巴菲特旗下的伯克希尔哈·撒韦公司，始终手握着庞大的现金储备。近年来，该现金储备一直处于千亿美元以上，可见巴菲特对现金储备的要求非常严格，而且在资产配置方面，比较注重分散配置，这也是提升风险管理的重要体现。

一名成功的投资者，当他进入股票市场之后，首先考虑的是投资风险的问题，在此基础上再去考虑资产增值的目标。在实际操作中，如果自己的本金安全都无法得到保障，资产又如何实现持续增值呢？假如投资者不懂得风险管理，那么很可能会在未来某一时间里，因为错误操作导致个人资产的迅速缩水，甚至是大面积亏损。

第四，不追求"一夜暴富"，学会慢慢变富。

在实际情况下，但凡抱着"一夜暴富"投资心态的投资者，往往很难真正变富，因为从投资心态上，已经犯错了。

成功的投资者往往会追求慢慢变富。比如，巴菲特在过去50多年里，实现了20%左右的年化投资收益率水平，并远远跑赢同期标普500指数的涨幅。

普通投资者可能看不上年化20%的投资收益率，因为他们认为这种赚钱速度太慢了。但是，巴菲特实现这个年化收益率，有两大前提：一个是他管理的资金规模庞大；另一个是巴菲特已经在数十年里实现可观的复合投资收益率，长期下来的资金积累速度是相当惊人的。

第五，学会忍受寂寞，拥有独立思考能力。

在投资过程中，最忌讳人云亦云。当听到别人的观点时，有的投资者很容易对自己的投资策略产生怀疑，甚至不断否定自己，并完全复制他人的投资策略。这种投资者最后大概率会吞下苦果。

投资者应该要学会忍受寂寞，并拥有自己的独立思考和分析能力。在投资过程中，最难做好的事情，莫过于独立思考，且不受外界的干扰。假如可以做到这一点，先不论投资成绩如何，心态已经胜过市场中绝大多数的投资者，他距离投资成功也不远了。

第六，善于抓住稍纵即逝的投资机会。

很多投资者在投资过程中会碰到不少投资机会。但是，普通投资者与投资大佬的差别体现在，他能否迅速抓住稍纵即逝的机会。普通投资者往往会畏手畏尾，因为他们害怕本金亏损，不愿意承担更多的风险代价。当然，更关键的问题，是他们没有抓住机会的能力。

因为投资大佬的能力较强和经验丰富，当他们看到投资机会的时候，往往会采取行动大举买入。在他们看来，机会是稍纵即逝的，自然要及时把握，这样才能做到投资利润的最大化。

第七，一旦买到廉价筹码，耐心让利润奔跑。

当成功抄底后，普通投资者往往会紧盯着股票价格的波动。

当股价从买点上涨10%的时候,他们就会产生出获利了结的心态。当股价自买点上涨超过20%的时候,他们会毫不犹豫把筹码全部卖出,并认为这是一笔非常成功的投资操作。

应该说,如果投资者真的抓住了大底,并了解企业的真实价值,那么只赚20%的投资利润就卖出,是比较可惜的。在实际操作中,有的个股大底,也许几年甚至十多年才出现一次。一旦投资者把廉价筹码全部抛售之后,他就需要用更高的成本去买回来了。

因此,投资者买入优质资产之后不宜轻易卖出,不妨多一点投资耐心,让利润奔跑起来,不要在意20%的投资利润,而要用做价值投资的心态去等待。

举个例子,巴菲特在2016年开始大举买入苹果公司股票,至今依然拥有大量的苹果公司股票,持股市值在2023年一季度达到1510亿美元。不过,再厉害的投资大师,也有做出失误投资决策的时候。

在2023年伯克希尔哈·撒韦股东大会上,巴菲特坦言,他在两年前犯过一些错,卖掉了一些苹果股票,他认为当时这个决定很不妥。事实上,近年来得益于苹果公司股价的持续走强,伯克希尔·哈撒韦获得了可观的投资利润。

由此可见,对优质资产的价格低点,投资者必须好好珍惜,不要轻易抛售手中握有的廉价筹码。

第八,不断学习和思考,并总结自己的失败教训。

与普通投资者相比,成功投资者更热衷于思考。只有不断思考、不断总结经验，才能够提升投资的胜率。

　　笔者研究了很多成功的投资者，发现他们有一些共同的特征。例如，他们都喜欢读书学习，每天会更新自己的知识库，并及时了解最新的新闻动态。与此同时，他们会坚持每天思考，并对自己的失败教训进行反思，不允许自己在同一个地方跌倒两次。此外，他们还会坚持运动锻炼。只有拥有健康的身体，才能够不断前进，为自己的长期学习、长期投资打下坚实的基础。